INSTRUCTION

POPULAIRE.

LA SCIENCE

OU

LES DROITS

ET

LES DEVOIRS DE L'HOMME,

PAR L. D. H.

OUVRAGE EN IV PARTIES.

CONTENANT

1°. LA VIE NATURELLE DE L'HOMME.
2°. SA VIE AGRICOLE.
3°. SA VIE SOCIALE.
4°. SA VIE POLITIQUE.

AUGMENTÉ D'UN

DIALOGUE

ENTRE

M^{RS}. DE P. ET L. D. H.

A LAUSANNE,

Chez FRANÇOIS GRASSET & COMP.

M. D. CC. LXXIV.

(v)

AVIS

DES ÉDITEURS.

CEt ouvrage a été demandé à l'auteur par des Souverains qui veulent établir dans leur pays l'instruction populaire, générale & perpétuelle, sur LES DROITS ET LES DEVOIRS DE L'HOMME. Une copie de son manuscrit nous étant tombée entre les mains, nous avons cru rendre service à l'humanité en le publiant par la voye de l'impression.

Nous croyons devoir avertir le public, que nos presses rouleront à l'avenir sur des Ouvrages de goût ; les édi-

tions que nous avons faites des Ouvrages de Meſſieurs DE HALLER
& TISSOT, celle que nous faiſons
de toutes les Oeuvres de Monſieur
DE VOLTAIRE, dont il y a déja
36 volumes d'imprimés ſur du très
beau papier de France (nouvelle
édition qui ſera abſolument complette, vû que ſi l'auteur donne
de nouveaux ouvrages pendant ſa
vie, & ſi l'on en publie après ſa
mort, nous ne manquerons pas
de les imprimer,) & de nombre
d'autres Ouvrages, nous mérite-
ront, ſi nos eſpérances ſont bien
fondées, l'eſtime & la bienveillance
des gens de Lettres & de toutes les

perſonnes de goût. Notre imprime-
rie eſt aſſortie de beaux caractères
neufs, & notre librairie eſt aſſez
conſidérable, puiſqu'elle conſiſte en
plus de 6000 articles diférens, en
Latin, François, Eſpagnol, Italien
& Anglois, avec les prix vis-à-
vis de chaque article; nous en fournirons le Catalogue aux perſonnes
qui le déſireront, s'ils prennent la
peine de nous donner leur adreſſe.

Nous ſommes très à portée de
fournir de quoi former des Biblio-
thèques, & de bien aſſortir celles qui
ſont déja formées; les correſpondances
que nous avons établies dans toutes
les grandes villes de l'Europe, les

connoiſſances que nous avons aquiſes pendant dix années de voyages, nous mettent à même d'exécuter les commiſſions que l'on poura nous donner. Nous procurerons auſſi les livres qui ne ſeront pas ſur nos Catalogues, moyennant que l'on en donne les titres bien précis; enfin nous ne négligerons rien de tout ce qui poura nous mériter la bienveillance du Public que nous ſervirons toujours à des prix très moderé.

FRANÇOIS GRASSET & COMP.
Libraires & Imp. à LAUSANNE
en Suiſſe.

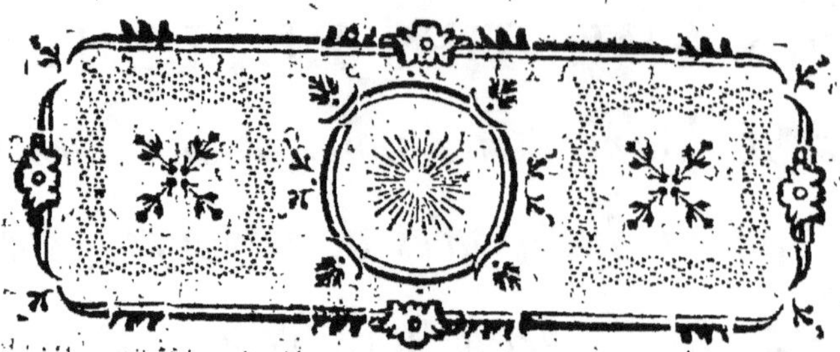

EXTRAIT

DES
ÉLOGES DES HOMMES
A CÉLÉBRER.

ARTICLE DE FENELON.

SEroit-il poſſible, ſe dit une ame
ſuſceptible d'humanité, & par conſéquent affligée de ſentimens d'inquiétude ſur le ſort commun; ſeroit-il poſſible que l'homme ne fût
rien, qu'il vécût dans ſa ſimplicité
primitive, dans une habitude douce
de chercher à paître, à repoſer, à

careſſer ſa femelle, à ſoigner avec elle ſes petits, à danſer avec ſes compagnons, à ſe les attacher par la réciprocité des ſervices. En ſuppoſant que ce tableau de mœurs innocentes, qu'on a feint d'avoir été celles des peuples heureux de l'ancienne Bétique, pût être réaliſé en un climat dont la douceur ſemble inviter les hommes à l'imiter, en ſeroit-il de même ſous un ciel dont les rigueurs ſemblent exiger de l'homme, ſoit le travail, ſoit le repos, forcés l'un & l'autre, la ſéparation, le courage & l'opiniâtreté ? Dans les cantons mêmes les plus favoriſés de la roſée du ciel & de la graiſſe de la terre, ſi la terre d'abord ſemble prévenir les beſoins de l'homme, la multiplication de ſon eſpèce, la progreſſion de la population ne le forcera-t-elle pas à la fin aux travaux productifs, à l'invention, à l'induſtrie cultivatrice ?

Il eſt, il ſera donc partout néceſſaire, tôt ou tard, que l'homme s'inſtruiſe au niveau de ſes beſoins. Son intelligence peut & doit
être regardée comme un de ſes organes phyſiques autant que comme
une de ſes facultés morales. L'homme, ſa femme & quatre enfans,
ſont ſix eſtomacs ſéparés par la nature ; mais la nature, par l'intelligence & le ſentiment, ne fait qu'un
de ces ſix. Dès lors il faut ſix dî-
ners. Le même beſoin s'étend à
l'infini de la ſorte ; & ce n'eſt encore ici que la première néceſſité.
Si diſtinguant les néceſſités abſo-
lues des beſoins eſſentiels & ſubſé-
quents ; ſi paſſant de ceux-ci aux
déſirs naturels, à ceux d'imitation,
à ceux d'émulation & de recherche qui tous ſont dans la nature
& qui y ſont bien, nous exa-

minons quelle doit être & devenir indifpenfablement la progref-
fion des efforts & des fuccès de
notre intelligence felon l'ordre; fi
quelques travers, fi quelque défordre, effet d'un écart de notre intelligence même, ne s'y oppofe,
nous conviendrons qu'il eft impoffible de donner d'autre barrière à
la perfectibilité intellectuelle de
l'homme, que celle que lui ont
prefcrite la nature & fon auteur.

Je dis plus: c'eft que l'homme,
au fein de la jouiffance, du repos
& de la fatieté, élève de lui-même fes penfées. Si dans des climats,
extrêmes dans l'un & l'autre genre
on a trouvé des peuplades prefque entiérement abruties: fi des familles, trompées fans doute par quelqu'un de ces malheureux fratrici-
des qui penfent que pour affoupir
l'homme il faut l'hébéter, écrafent

la tête molle de leurs enfans & di-
forment leur intelligence, ce petit
nombre d'exemples ne prouve pas
plus que la convoitife des connoif-
fances & des idées foit hors de notre nature, que le petit nombre de
fols qui nous paroiffent nés féroces
& malfaifans ne prouve que le fentiment d'inftinct du jufte & de l'injufte foit étranger à notre nature &
chez nous de convention. Non feulement donc, l'aiguillon du befoin
éveille l'intelligence humaine, qui
partout fut d'abord fe faire un abri
fucceffivement & fur la même bafe devenu chaumière, maifon, pa-
lais & tour de Babel, fimbole de
notre orgueilleux délire, mais encore penfer, obferver & retenir eft
l'emploi naturel du loifir de l'homme, devenu aftronomie dans les plaines de la Chaldée au fein de la vie
paftorale, uniquement vouée au foin

paisible de garder ses troupeaux.

Si l'homme lâche, ou détourné par de pénibles travaux, se rebute de chercher & renonce à savoir, il est au-dessus de son pouvoir de renoncer à croire; moins il exerce la faculté de connoître, plus il s'attache à celle d'affirmer : il peut se refuser à la science, mais non pas échapper à l'opinion. Les plus grossiers de tous les mortels sont toujours les plus superstitieux & les plus crédules : les songes, les magiciens, les phantômes, les revenans & les vampires occupent les têtes où la science ne peut entrer. La crainte & l'espérance, souvenirs du mal & du bien qui alternent notre vie, la crainte & l'espérance disposent souverainement de l'homme, qui peut laisser encrouter son entendement, mais qui ne sauroit éteindre sa mémoire & sa sensibilité physique, & le livrent en efclave à l'impulsion du premier impofteur qui faura en impofer à fon imagination toujours étonnée, & par elle difpofer de fon inftinct.

D'après ce fondement, il a toujours fallu tromper les hommes, ou les éclairer pour les conduire. Mais ceux qui n'ont voulu que les féduire ne les ont pas menés loin. Tous leurs guides fans doute, tant les mauvais que les bons, ont voulu les réunir, car l'homme farouche & ifolé n'eft bon à perfonne & peut être méchant à tous ; mais ceux qui les ont trompés plus ou moins groffièrement, foit par erreur foit par volonté, n'ont fait que des peuplades groffières, ou pour mieux dire, ont contredit la nature, (qui fait bien réunir les hommes fans nous) de manière que ces peuplades, défigurées, bornées &

aſſujetties à tous les maux qu'elles aggravent par leurs uſages barbares, ſemblent accuſer la nature & flétrir l'eſpèce du ſceau de la dégradation. Des hommes inſpirés, ſoit par les élans d'une ame privilégiée, ſoit par des rapports plus directs avec la Divinité, fondèrent quelques ſociétés ſur le *devoir filial* & ſur les *rites fraternels*; & leurs conſtitutions réuſſirent & durèrent plus ou moins, en raiſon de ce qu'ils ſe rapprochèrent plus ou moins du dernier de ces deux principes.

A l'égard du premier de ces mobiles, tout légiſlateur digne de ce nom, loin de vouloir ravaler l'homme, chercha au contraire à l'elever juſques aux motifs les plus ſublimes. Tous fondèrent leur inſtitution première ſur le reſpect de la religion. Peut-être me ſeroit-il permis de dire (puifque les faits l'ont prouvé) qu'ils ne fentirent pas affez que ce lien devoit embraffer, unir en un feul tout la maffe entière conftitutive : que fi-tôt que dans la légiflation temporelle un chainon quelconque tiendroit du privilège, de l'exception, l'homme, qui, malgré lui-même, fouvent renferme dans fon ame l'infaillible & l'indélébile écho du jufte & de l'injufte, fentiroit involontairement même que ce qui répugne à l'égalité naturelle n'eft pas de notre commun père, n'eft pas de Dieu ; & que bientôt, uniquement touché de l'incommodité préfente & de la prétendue injuftice du jour, il pafferoit du défintéreffement civil & du murmure, à la réfiftance morale, à l'irréligion, ou tout au moins, à la religion purement extérieure qui n'eſt plus qu'erreur.

Ce mal devoit paroître imminent à tout légiſlateur, qui, ſemblable à l'architecte à qui tout ſon édifice eſt préſent au moment où il poſe la première pierre, doit voir les hommes & les beſoins ſe multiplier à l'infini ſous ſa loi, & par conſéquent ſe croiſer & ſe combattre en apparence. Le remède à ce mal étoit d'appuyer ſur le ſecond des deux liens que nous avons établis ci-deſſus, à ſavoir *les principes & les rites fraternels*, de les ſaiſir, de s'y coller & de ne jamais plus les perdre de vue. Ce remède eſt ſans doute facile à preſcrire: mais où ſe trouve le moyen de l'exécuter? Comment éviter l'inégalité des conditions dans une ſociété qui s'étend & ſe corrobore, & qui par conſéquent s'enrichit? Comment empécher que cette inégalité ne sépare les individus & surtout les mœurs? Comment faire pour que le plus riche & le plus délicat d'un grand État fraternise de goûts, de mœurs, de jouissances & de langage avec le plus pauvre ? Ce projet que nous nommerions platonique (si Platon, ce beau , ce noble, cet heureux génie, pour s'être joué, selon l'usage de son tems , à ébaucher les constitutions d'une communauté non célibataire, méritoit d'être dénoncé comme le syndic des songes creux) cette idée, dis-je, ne sauroit trouver place dans une tête sage. Ainsi donc il faut renoncer à ce mobile encore, & par cela même il faut abandonner le premier. Point de respect filial maintenu, s'il ne prend sa source dans la religion , dans le profond & dévoué respect pour le premier père. Point de religion fentie, avouée, obfervée, fi la loi temporelle qui en dérive & qui la profeffe n'embraffe & ne fomente également tous les enfans du père univerfel. Cependant point d'égalité phyfique entre le befoin & l'abondance, entre la néceffité & le fuperflu. Point de fociété dont l'effet naturel & profpère ne foit d'amener ces inégalités immenfes, & de les pofer fur la tête d'hommes deftinés à vivre en préfence les uns des autres, individus frères égaux devant la nature, fils égaux devant fon auteur, & toutefois fi partialement traités par la fociété.

Tirez-vous de là fi de bonne foi vous le pouvez, philofophes orgueilleux, qui, les flambeaux à la main, avancez fi audacieufement dans le dédale de la politique. Sortez, s'il eft poffible, de ce cercle d'inconvéniens. *Trifte état de la nature humaine*, s'écrioit Fénelon, dont le génie, aussi étendu qu'il étoit modefte, avoit d'un coup d'œil parcouru peut-être tous les périodes de dégradations néceffairement réfultants des progrès mêmes de notre perfectibilité poffible. *Trifte état de la nature humaine*, répéterions-nous avec lui, fi nous n'avions à cet égard d'autre guide que ceux qu'on avoit de fon tems; s'il nous falloit en un mot chercher le pivot éternel des fociétés & des empires dans le cerveau d'un légiflateur. Mais l'ordre naturel, retrouvé depuis par les hommes, hélas jufques-là plus malheureux encore que coupables, nous fert aujourd'hui de bouffole. Il nous rappelle, il nous raffemble, il nous montre fur quelle forte de bien nous devons une égale légitime à tous nos frères, portion avec laquelle ils recevront ensemble la liberté, l'encouragement, la concorde, la dignité, la réfignation & la paix.

Nous prévoyons, dira-t-on, le terme & le nœud de vos diverfes promeffes. Toutes fe réfument en un point & aboutiffent à une méthode, *l'inftruction*. Mais fera-ce en ceci que vous efpérerez retrouver l'égalité individuelle, & penfez-vous que tous les hommes reçoivent en naiffant de la nature les mêmes avances pour l'inftruction ? Non fans doute : la nature libérale, pour multiplier fes dons fur l'humanité qu'elle chérit & gratifie en maffe felon l'ordre du créateur par le moyen de la réunion de toutes les qualités individuelles, toutes deftinées à fervir à l'avantage du tout, la nature a départi fes dons fur les diférentes têtes de manière que nul n'a tout, & que nul n'eſt privé de tout. Quand enſuite les arrangemens humains, s'écartant de ſes vues naturelles, ont bâti ſur la cupidité & ſur la folie, telles ou telles autres facultés ont été prédominantes ſelon les tems. La force & l'activité ont prévalu dans l'attaque, la fraude & la ſoupleſſe dans l'aſſujettiſſement : toutes ces qualités offenſives devenant par cela même excluſives, ces ſortes de moyens iſolés & privés de l'appui de tous les autres n'ont fondé que des fortunes peu durables ; mais pendant le cours de leur régne éphémère, elles ont à nos vues bornées pris le caractère de l'éternelle prédomination. Vaines illuſions ! qu'on accorde à l'injuſtice l'éclat, ſi l'on veut, elle ne ſauroit du moins prétendre à la durée. Tout eſt écueil, je le ſais, pour les petites fortunes ; mais pour les grandes, tout eſt révolution.

Sans profiter néanmoins de l'a‑
vantage que j'aurois à démontrer
dans tout ceci la fauffeté de nos
poids & de nos mefures d'opi‑
nions; combien les dons qui nous
paroiffent les plus privilégiés font
dépendans de ceux que nous croyons
être les moindres ; combien l'inf‑
tinct du ver à foye & celui du
murex font néceffaires au dais qui
couvre & réhauffe la majefté royale.
J'accorde que les lots phyfiques ne
font point égaux felon la nature,
& que tout homme ne nâquit pas
également propre à recevoir & à
faire valoir l'inftruction. Pourquoi
cela ? C'eft que l'inftruction doit
fe plier aux plans de la nature,
& non pas la nature fe foumet‑
tre à nos plans factices d'inftruc‑
tion. Or l'inftruction que nous re‑
commandons, que nous indiquons,
que nous enfeignons, c'eft celle qui

doit

doit fixer les incertitudes de l'esprit, guérir les angoiffes du cœur
& les anxiétés de l'ame, celle qui
bannit les rêves de la politique, &
qui les remplace par la connoiffance
des loix de la nature, celle - là,
dis-je, eft de la nature même, interprête & exécutrice des plans au-
guftes & immuables de fon Suprême Auteur.

Cette fcience modefte eft telle
qu'elle convient à la créature ad-
mife à connoitre & à fuivre par
choix les ordres de fon créateur ;
loin de prétendre, ainfi que font
nos lueurs métaphyfiques, à faire
defcendre du ciel, la morale fur la
terre nous apprend au contraire
à faifir à nos pieds fes premiers
rayons réduits en autant de raci-
nes, à les fuivre à leur tige, à les
voir s'étendre en rameaux, & de-

là se déployant en festons, porter jusques au trône de l'Eternel les vœux & l'encens de notre obéissance éclairée & religieuse. La morale en un mot, (qui n'est rien si elle ne nous apprend à connoitre l'ordre & à nous y tenir) embrasse en un même tout le ciel & la terre. Mais c'est en partant de la terre qu'il est donné à l'homme en général, & abstraction faite de toute grace particulière, de parcourir le cercle sphérique qui lui appartient dans ce tout, & non pas en allant tenter un vol incertain & téméraire, & fondre les aîles de son intelligence au soleil de l'infini.

Notre science ramène donc l'homme d'abord au grain de bled, à sa subsistance ; elle l'instruit par l'organe de ses besoins. Ceux-ci lui

indiquent son intérêt, & son intérêt embrasse tout son devoir. Celui-ci est étroitement lié à ses droits.
La *nature* donc & ses *avances*, nos
besoins & nos *intérêts*, nos *droits*
& nos *devoirs*, *la propriété* enfin
qui, dans toute son étendue & ses
subdivisions, est le résultat de toutes ces choses ; voilà l'homme tout
entier, voilà sa science, voilà sa
politique, voilà le ciel & la terre
pour lui. Or en prenant ainsi l'instruction, marchant pied à pied,
toujours appellant l'intelligence,
jamais n'invoquant l'autorité, ayant
pour démonstrateur l'évidence, &
pour catéchiste le pot au feu, peut-
être qu'il se trouvera moins, &
infiniment moins qu'on ne croit,
d'hommes incapables de saisir &
d'embrasser les élémens de cette
science.

Son premier éfet néanmoins eſt, en éclairant l'homme naturel ſur la ſource & ſur l'eſſence de ſes droits, de réconcilier l'homme ſocial avec ſes ſemblables par la connoiſſance des droits de tous. Le pauvre voit que le riche n'a comme lui que ſa propriété qui ne ſauroit jamais être excluſive ; que ce riche ne peut jouir de ſa fortune que par une diſtribution qui la ſubdiviſe en autant de propriétaires que ſon revenu renferme de parts ; que tout ce qui attaque cette fortune s'attaque à la propriété de tous. Le riche beaucoup moins attentif, & cependant plus expoſé & moins tranquille, reconnoit pourtant (ſi l'inſtruction du moins le ſaiſit dès l'enfance) qu'il n'eſt lui-même qu'un canal de diſtribution ; qu'il ne peut, ſans ſe nuire à lui-

même, en intercepter la marche régulière ; que cette marche régulière eft dans la juftice, & que la léfion du plus pauvre le bleffe & l'appauvrit d'un des arcs-boutans de fa propre richeffe ; tous apperçoivent clairement que c'eft le riche qui fait vivre le pauvre, & le pauvre qui empêche le riche de mourir. Chacun ainfi démêle aifément fes rapports avec tous, tant au deffus qu'au deffous de lui. Ainfi, de grade en grade & fans intermédiaire, du plus petit au plus grand, fe démêlent aifément les rapports qui embraffent & lient toute la famille nationale ; & de même, de nation à nation, le nœud préordonné, qui lie les intérêts d'un individu à l'autre, étreint & raproche l'efpèce entière, & la confond dans un feul & même intérêt.

Ce n'eſt point ici le lieu de re-
tracer toute la membrure ſociale
qu'établit la politique économique,
ſimple interprête de l'ordre naturel :
elle eſt clairement détaillée dans
pluſieurs ouvrages, & rappellée en
cent endroits de celui-ci. Qu'il nous
ſuffiſe d'avoir ici préſenté,

1°. Qu'il eſt impoſſible de tenir
l'homme dans la ſtupidité mécha-
nique & tranquille, & que qui
le refuſe à la vérité le livre à
l'erreur.

2°. Que l'erreur réſultera toujours des éforts mêmes qu'on fera
pour la bannir, parce qu'on ceſſe
de s'entendre ſitôt qu'on s'éloigne,
& que la proſpérité ſociale, ſuite
des bonnes loix fondamentales, établit & rend chaque jour plus cho-
quante l'inégalité des fortunes,
abrutit & irrite le pauvre, affaiſſe

& endurcit le riche , & fépare ainſi de fait ce que la loi ſociale voulut unir.

3°. Qu'il n'y a de remède à cette détérioration phyſique qui rend le bien préſent, principe & cauſe néceſſaire du mal futur, que l'inſtruction.

4°. Mais que cette inſtruction doit être telle qu'elle ſoit propre à tous, facile & intéreſſante pour tous.

5°. Qu'une telle ſcience n'eſt point de l'homme, mais de la nature elle-même, mère commune & impartiale de tous, & qu'elle renferme la connoiſſance des loix de l'ordre naturel rélatives à la conſervation, à la multiplication & à la proſpérité de l'eſpèce humaine.

6°. Que celle-ci montre à chacun fes droits & fes devoirs, la communauté des biens, la néceffité des rapports entre les hommes, leurs travaux & leurs dépenfes, pour transformer les biens en richeffes, l'adhérence effentielle de toutes les fortunes entr'elles, & rapprochant ainfi les individus, les profeffions, les fortunes & les conditions diverfes, non feulement peut & doit perpétuer l'ordre public & focial par la perpétuité de l'inftruction, mais encore de nation à nation, d'empire à empire, peut & doit perpétuer l'union, la concorde & la profpérité humaine, felon la volonté divine, dans tout l'univers.

Telle eft la bafe, tel eft l'appui de notre prétendu fyftême. On va voir ci-deffous la déduction des premiers élémens de cette fcience,

fous une forme différente de plufieurs autres qui ont déja été données de la même main. On la préfente fous la forme de différens
cours, parce qu'en éfet il en faut
pour le peuple deftiné aux travaux
méchaniques, nul homme ne devant être privé de la connoiffance
de fes droits, & marqué par cela
même de l'empreinte d'ennemi de
tous. L'idée de l'auteur fut que le
premier cours fuffit à ceux-là, &
que les cours fuivans inftruifent
fucceffivement les hommes plus
portés à l'étude & qui jouiffent de
plus de loifir, toujours progreffi-
vement jufqu'à ceux qui fe defti-
nent aux emplois de l'adminiftration, à qui toute la fcience doit
être familière.

Au refte on n'a pas prétendu
offrir ici une forme d'inftruction

propre à tous les peuples, ni peut-être même qui convienne à aucun, on a voulu seulement ouvrir la voye & obéir aux pères des peuples.

COURS

COURS D'INSTRUCTION POPULAIRE.

PREMIERE PARTIE.

LA VIE NATURELLE DE L'HOMME.

DEMANDE. QUelle est la voye de servir Dieu dans ses occupations purement temporelles?

RÉPONSE. C'est d'obéir exactement à l'ordre de la nature.

D. Qu'eft-ce que l'ordre de la nature ?

R. C'eft l'ordre de la confervation des êtres créés.

D. Qui eft-ce qui leur annonce cet ordre ?

R. C'eft le befoin.

D. Et qu'eft-ce que le befoin demande de l'homme ?

R. C'eft de manger, dormir, fe repofer, fe vêtir, & faire en un mot tout ce que la nature exige.

D. Eft-ce donc là le devoir de l'homme ?

R. Sans doute, & c'eft le premier de tous, puifqu'il n'en fauroit remplir aucun autre qu'après ceux-là.

D. Quels moyens a-t-il pour s'acquitter de ce devoir ?

R. Le befoin les lui indique.

D. J'entends bien que pour manger & pour dormir, il ſuffit d'avoir
faim & ſommeil, & le beſoin ne donne que cela. Mais il faut avoir de-
quoi manger pour vivre, & il faut
avoir mangé pour dormir après. Quels
ſont les moyens de l'homme ?

R. Son travail ou ſes avances.

LES AVANCES.

D. QU'appellez-vous des avances ?

R. Des proviſions, ou un amas de
choſes propres à ſatisfaire nos beſoins
ou de quoi ſe les procurer.

D. Et quand les proviſions ſont
finies ?

R. Elles ne finiſſent point, car le
travail les renouvelle à meſure qu'on
les conſomme.

D. Mais qui fait donc des avances à un enfant qui n'a ni provifions, ni force pour travailler ?

R. Son père, à qui il doit ainfi doublement la vie.

D. Mais de père en père, qui eft-ce qui a fait les provifions du premier ?

R. Ce furent les fruits épars fur la terre, ou les beftiaux qu'on y trouva.

D. Il ne fut donc pas enfant comme les autres ?

R. La religion nous apprend que le premier homme fut créé d'abord avec la force & la grandeur où les enfans parviennent depuis avec l'âge. Sans cela il eut fallu que Dieu l'eut fait allaiter par une chèvre, & cette chèvre lui eût tenu lieu de mère, & lui eût fait les avances qu'exigent continuellement fes befoins, jufqu'au tems qu'il auroit pu travailler à les chercher.

D. Les avances font donc néceffaires d'abord pour que nous puiffions vivre avant que de pouvoir travailler ?

R. Elles font indifpenfables, & elles doivent même être toujours renouvellées pour que nous puiffions continuer à vivre.

D. Et cette continuation d'avances, qui eft-ce qui nous la procure ?

R. Je vous l'ai dit : nos pères & mères d'abord, & enfuite notre travail qui en fait naître, ou qu'on nous paye pour en acheter.

DROITS ET DEVOIRS.

D. C'Eſt donc par le travail qu'on obtient de quoi vivre?

R. Oui, & nos beſoins nous impoſent, ſur-tout, le devoir de travailler pour vivre.

D. Le travail eſt donc un devoir; & que réſulte-t-il de l'accompliſſement de ce devoir ?

R. La jouiſſance des produits de la terre , ce qui eſt la récompenſe naturelle du travail.

D. Qu'eſt-ce à dire la *jouiſſance* ?

R. C'eſt le droit de faire uſage pour nos beſoins des choſes que nous procure le travail, parce que nous méritons d'avoir ce droit.

D. Tout ſe réduit donc pour l'homme à un devoir ?

R. Oui, & ce *devoir*, qui est le travail, est la racine de tous ses autres devoirs, & a pour objet premier, naturel & nécessaire, la satisfaction de ses besoins qui est son premier *droit* & le principe de tous ses autres droits.

D. L'homme a donc aussi un *droit?*

R. Oui: ce droit, qui est la jouissance des choses acquises par son travail, ou par ses avances, est la racine de tous ses autres droits, & a pour objet naturel & nécessaire l'acquit de son devoir.

D. Comment cela?

R. Vous voyez bien qu'il faut que je vive aujourd'hui, pour pouvoir travailler demain, & que je travaille demain pour pouvoir vivre après. Ainsi le droit & le devoir se succédant, font un cercle dont la continuation perpétue la vie humaine.

D. Et dans cette alternative, c'eſt le devoir qui marche le premier, & pourvoit aux avances pour l'avenir?

R. Oui: mais n'oublions pas que c'eſt la nature qui nous fait d'abord préſent de la vie & des fruits de la terre qui furent les premières avances par leſquelles on a pu travailler à la terre, pour faire naître des récoltes plus abondantes, à meſure que les hommes ſe ſont multipliés.

D. Mais en ce cas, de quoi ont vécu d'abord les habitans des villes?

R. Il n'y a pas eu des villes d'abord. Elles n'ont été bâties & peuplées que par le moyen des richeſſes qu'on a fait naître de la terre, qui ont pu payer ceux qui travaillent à

des ouvrages dont on a befoin pour
les travaux de la terre, & pour les
commodités de la vie.

LA PROPRIÉTÉ.

D. **L**A nature a donc fait d'abord
un don à tout homme?

R. Sans doute, & ce don eſt devenu *ſa proprieté.*

D. Que veut dire ce mot *ſa proprieté ?*

R. C'eſt la vie & tout ce qui en
dépend, comme ſa perſonne, ſa force, ſa raiſon, & ce qu'il peut avoir
avec bon droit en ſa poſſeſſion. Tout
cela eſt à lui & à lui tout ſeul.

D. Pourquoi à lui tout ſeul?

R. Je veux dire que tout cela lui

appartient, & qu'il a feul le droit d'en difpofer à fa volonté.

D. Quoi ! il peut difpofer de fa vie ?

R. Je dis à fa volonté, c'eft-à-dire, à la volonté de la nature qui ne veut que fa confervation.

D. Quoi ! il ne doit rien de fa perfonne à aucun autre ?

R. Non, à moins qu'il ne s'y foit volontairement engagé, ou qu'il ne doive quelque reftitution d'avances qu'on lui a faites, & qui font une dette.

D. Pourquoi la propriété lui eft-elle ainfi réfervée & féparée ?

R. C'eft que chaque homme eft affujetti par la nature à peu près aux mêmes befoins perfonnels, & a reçu à peu près les mêmes moyens perfonnels d'y fatisfaire, & que chacun en

particulier est obligé de pourvoir à sa
conservation, sous peine de souffrance
& de mort.

D. Quoi! nul n'a droit sur la personne d'un autre?

R. Non, aucun, quel qu'il puisse
être, si ce n'est celui qui pourra manger & dormir pour un autre.

D. Et le père?

R. Le père a fait au fils les avances
dont dépendoit sa vie, à titre de restitution de ces avances, le fils doit à
son père soumission, respect, attachement & secours toute sa vie. Mais
tout cela n'implique aucun assujettis-
sement contraire aux droits personnels, & à la propriété du fils: car à
cette barrière, le devoir filial le plus
sacré de tous ici bas finiroit.

D. Et le seigneur ?

R. Le seigneur, le maître & autres échelons de supériorité n'ont que des droits de retour sur leurs sujets ou inférieurs, pour les biens & les avantages qu'ils leur procurent.

D. Et le Souverain ?

R. Le Souverain est le gardien, le conservateur & le protecteur de la propriété, bien loin de chercher à l'attaquer ni à l'enfreindre.

D. Chaque homme a donc sa personne en propriété, sans qu'aucun puisse y prétendre droit ?

R. Sans doute.

D. Et la propriété s'étend-elle au delà ? c'est-à-dire, peut-on posséder pour soi tout seul quelqu'autre chose que sa personne ?

R. Oui, l'on possède de la même

manière tout ce qui nous appartient.

D. Et qu'est-ce qui nous appartient?

R. Tout ce qui nous a été donné par ceux qui ont pu nous donner de ce qui leur appartenoit, & tout ce que nous avons acquis par nôtre travail.

D. Quoi! la recherche de ce qui n'appartient à personne seroit un travail par lequel on peut acquérir?

R. Oui, c'est un travail par lequel on peut profiter sans rien ôter à autrui.

D. Eh bien! nous recherchions la même chose, vous & moi. Vous l'avez trouvée hier; & je la trouve aujourd'hui: vous y aviez droit hier, pourquoi ne l'aurois-je pas aujourd'hui?

R. Elle n'auroit pas été à moi hier, si un autre l'eut trouvée la veille.

Elle feroit devenue fon droit : mais comme elle n'étoit le droit de perfonne, elle eft devenue le mien, & dès lors elle ne peut plus être celui d'un autre.

D. C'eft-à-dire que le droit eft à qui coura le plus fort ?

R. Oui, le droit de viteffe.

D. Je veux dire, que felon vous le droit eft au premier occupant ?

R. Sans doute, dans le fens que vous dites. Mais la courfe ni la recherche n'ont que des droits bien fautifs & bien bornés.

D. Mais encore, tous bornés qu'ils font, pourquoi vous attribuez-vous un droit de propriété fur le hazard d'une trouvaille, de ce qui n'étoit pas plus à vous qu'à un autre ?

R. La nature vous le dit, que ce

qui vous tombe fous la main eft à vous, s'il n'appartenoit à perfonne avant vous. Vous fentez que fi un autre vouloit vous le prendre fans vous prouver qu'il étoit à lui, & uniquement par rufe ou par force, il vous fàcheroit: vous auriez querelle, & les querelles entre les hommes eft ce qu'on appelle *la guerre* qui confond tous les droits.

D. Mais où eft donc le moyen que j'aye ma part & que je vive, fi d'autres ont tout trouvé avant moi?

R. Vous trouverez dans le travail d'autres reffources pour vivre ; car plus le bon ordre s'établit, plus les hommes ont befoin les uns des autres, & s'entrepayent leurs fervices. Le chef paye, avec la contribution des fujets, ceux qui les défendent

contre les attaques de l'ennemi ; le
même arrangement est général en tout
& au profit de tous, s'il est bien or-
donné selon la Loi Divine, c'est-à-
dire, selon l'ordre naturel. Mais cet
ordre doit être connu parfaitement,
c'est-là la grande science de l'homme.

COURS
D'INSTRUCTION
POPULAIRE.

SECONDE PARTIE.

LA
VIE AGRICOLE.

D. NI moi, ni tous ceux qui viennent après moi ne trouvant plus rien qui n'ait été découvert par nos devanciers & qui, pour cela, ne leur appartienne, où donc prendrai-je ma ſubſiſtance, cela m'inquiète encore ?

R. Vous en pouvez dire autant de

vos devanciers ; car comme il faut qu'ils mangent chaque jour, ce qu'ils ont trouvé ne leur durera guères, s'ils ne renouvellent fans ceffe leurs provifions.

D. Ainfi donc chacun fe trouvera fruftré par l'inutilité ou le peu de produit du travail de la recherche ?

R. Sans doute, & la fin de la vie arrivera avec la fin, ou même avec la rareté des provifions.

D. Où eft donc le remède à cela ?

R. Dans la *reproduction*.

D. Qu'entendez - vous par ce mot la *reproduction ?*

R. Les plantes, les fruits, les animaux qui peuvent fervir à notre nouriture, fe reproduifent & nous offrent ainfi de nouvelles provifions.

D. Que voulez-vous dire ? l'agneau

que j'ai mangé ne reviendra point.

R. Ni la pomme qui vous a nourri ; mais le pommier en portera d'autres que vous mangerez à leur tour.

D. Et en attendant ?

R. En attendant vous tâcherez de consommer les choses qui se reproduisent plus vite. Par exemple, les vaches ont du lait tous les jours, vous mangerez du lait. Les poules pondent des œufs, vous mangerez les œufs.

D. Mais ce lait, ces œufs, avoient un objet dans la nature autre que celui de me nourrir ?

R. Le lait, il est vrai, devoit nourrir le petit de la vache.

D. Ainsi donc en mangeant le lait, je tue le petit ?

R. Non, vous le sevrez, dès qu'il peut aller paître.

D. Et cela empêchera de multiplier les vaches, & comme les hommes multiplient il n'y aura bientôt plus de lait pour tous ?

R. Ce qui empêchera de multiplier les vaches, c'eſt le défaut de nouriture.

D. Expliquez-moi cela ?

R. Vous voyez que l'homme ne peut vivre qu'autant qu'il trouvera ſa nourriture, il en eſt de même des autres eſpèces; il n'en ſauroit vivre qu'autant qu'elles auront leur portion. Le nombre des vaches ſera la meſure du lait, & la meſure du lait ſera celle des hommes.

D. Cela eſt fort court; car il ne vient pas de l'herbe par tout & elle eſt bientôt mangée ?

R. En conſéquence les hommes y ont pourvu autrement.

D. Et comment?

R. En cultivant les fruits & les produits de la terre qui font propres à leur subfiftance, de manière à les multiplier.

D. Voyons donc fi dans cette nouvelle méthode, je trouverai mieux ma part & plus affurée que dans les autres?

R. Le moyen fera le même, mais il fera plus promt, plus fructueux & plus affuré.

D. Qu'entendez-vous par là?

R. Je dis que le moyen fera le même: car ce fera toujours par votre travail, comme dans la recherche des fruits épars de la terre, où vous étiez obligé de courir, ce qui étoit votre travail, & comme dans la vie paftorale où vous étiez obligé de foigner, de nourrir & de traire les beftiaux.

D. Comment mon travail employé à la culture aura - t - il un effet plus promt, plus fructueux & plus assuré?

R. Par une production plus abondante.

AVANCES DE LA CULTURE.

D. MAis la récolte ne vient pas promtement, comment vivre & travailler en attendant?

R. Au premier coup d'œil l'effet de ce travail paroît plus retardé que celui des deux genres précédens : car il faut préparer la terre, la semer & lui donner le tems de reproduire , de multiplier & de mûrir les fruits. Mais dans le fait c'est celui qui assure le plus le travail contre le besoin.

D. Comment cela?

R. C'eft qu'il ne peut être entrepris qu'avec des avances qui fourniffent au befoin du travailleur jufques
au tems de la récolte, & qui la ga-
rantiffent du befoin jufques-là; d'où
fuit qu'il a toujours fa fubfiftance en
nature, affurée d'avance fur ces provifions, & fon travail journalier payé,
par fa portion journalière, ce qui prefcrit l'effet le plus promt du travail.

D. Et comment cet effet fera-t-il
fructueux?

R. Parce que, comme vous le voyez,
la terre multiplie les fruits dans fon
fein. Vous femez un grain, il fort
un épi, & ainfi du refte. Or comme
l'effet auquel on afpire par fon travail eft d'avoir des provifions pour
fa fubfiftance, cet effet eft bien *plus
fructueux* par le travail qui procure la

multiplication des fruits, que par celui qui ne tend qu'à les trouver.

D. Comment enfin l'effet du travail de la culture est-il plus assuré que celui de tout autre ?

R. C'est qu'il est cautionné par la nature toujours constante dans ses grandes & immuables loix. Car le travail de la culture n'est autre chose que de confier à la terre les grains & les plantes propres à nos besoins, & de favoriser sa fécondité naturelle par nos services & nos travaux. Or quelle meilleure caution de mon salaire que la mère nourricière de tous.

D. Et vous dites qu'il faut des avances à ce travail là ?

R. Sans doute pour y vivre jusques à la récolte.

D. Et qui les a faites ces avances-là ?

R. L'éco-

R. L'économie des provisions premières, qu'on a trouvées éparses : la fécondité de la terre, qui est plus grande & plus prompte dans certains climats où la culture a commencé d'abord, & la frugalité des hommes qui, précisément dans ces climats là, ont moins de besoins & qui ont épargné sur les premières récoltes de plus grosses provisions pour faire plus de travaux pour les récoltes futures. Petit à petit les avances ont grossi : avec elles la culture s'est fortifiée & étendue, & en est venu au point où on la voit chez les nations riches.

D. Mais comment donc est-ce que des avances grossissent ? Je ne vois pas seulement comment elles se peuvent perpétuer. Car à mesure que l'on consomme les provisions diminuent,

& à la récolte il n'y a plus rien.

R. Je l'avoue, & tout eſt fini ſi la terre ne reſtitue.

D. Eh bien donc que voulez-vous dire avec vos avances qui groſſiſſent?

R. Je veux dire que la récolte, quand la terre eſt bien cultivée, fournit à tout, à la reſtitution des avances, & même à un ſurcroit qui peut aſſurer la proſpérité & l'opulence, & par elle la ſubſiſtance de tous, ſi le débit favoriſe la vente du produit des récoltes.

D. Expliquez - moi cela, je vous prie?

R. Vous avez vu qu'un grain produit un épi, & ainſi du reſte; donc la nature maternelle, & chaque jour miraculeuſe à nos yeux, multiplie à l'infini la ſemence. Ce qu'elle nous accorde annuellement eſt la proviſion d'une année. C'eſt à nous à en faire un bon uſage, ſi nous ne voulons mourir de faim après avoir tout conſommé, ſans avoir travaillé pour l'avenir. Car la ceſſation de la reproduction des récoltes eſt l'anéantiſſement de toutes les autres richeſſes; parce que ce n'eſt qu'avec les produits de la terre qu'on peut les avoir.

D. Et quel eſt ce bon uſage qu'il faut faire de la récolte?

R. D'abord c'eſt de reſtituer tout de ſuite les avances de la culture, c'eſt-à-dire, de remettre l'état des proviſions qu'on a conſommées pendant les travaux & pendant l'attente de la récolte. Enſuite c'eſt de groſſir les avances, c'eſt-à-dire de les augmenter autant qu'il eſt néceſſaire pour mettre le territoire qu'on a à cultiver dans la meilleure valeur.

D. Et pourquoi groſſir ces avances?

R. C'eſt que plus vous aurez d'avances, plus vous pourez faire de travaux ; & plus vous ferez de travaux, plus ils réuſſiront comme les premiers & groſſiront de plus en plus vos récoltes.

D. Que voulez-vous dire ? quand une fois la terre eſt couverte, elle ne peut pas l'être plus.

R. La fertilité de la terre n'a point de bornes à nous connues. Plus on y employe de travaux à bien préparer les récoltes, & plus elle rend. C'eſt une ſource inépuiſable de biens.

D. Cela poſé, on y employera le tout ; car les hommes ne demandent à vivre que pour travailler & à travailler que pour vivre.

R. C'eſt bien là l'ordre de la nature, mais ce n'eſt pas celui que voudroit ſuivre l'homme dépravé.

D. Qu'entendez - vous par ce mot
l'homme dépravé?

R. Je veux dire l'homme qui ſuit
ſon propre ſens & qui n'obéit plus à
l'ordre de la nature.

D. Et que lui dit ſon propre ſens ?

R. De jouir en repos, & de dépen-
ſer ſans règle.

D. Eſt-ce que le repos n'eſt pas dans
l'ordre de la nature?

R. Le repos eſt dans l'ordre de la
nature, mais ſeulement après le travail, pour nous redonner des forces
pour le travail : car le repos n'avance
rien. Il n'y a que le travail qui ache-
mine les choſes ſelon l'ordre actif de
la nature, qui ayant rendu la conſom-

mation néceſſaire a voulu que la reproduction le fût.

D. L'homme donc voudroit du repos ſans travail ? Et c'eſt-là ce que
vous appellez l'homme dépravé.

R. Sans doute : vous voyez que ſelon l'ordre chaque homme doit gagner ſa portion. Or celui qui ne veut
rien faire doit avoir ſa portion ni plus
ni moins, ſans quoi il ne ſauroit vivre. Or comme il ne la veut pas gagner par ſon travail, il faut qu'il vole
la portion d'un autre. Or un voleur
eſt ſans doute un homme dépravé.

DROITS ET DEVOIRS
AGRICOLES.

D. COmment se fait la distribution des portions ?

R. Le voici. Le bloc des avances, ou le magasin des provisions pour vivre jusques à la récolte, appartient à quelqu'un. S'il n'y en a que pour lui, il ne pourra nourir que lui. Il faudra qu'il travaille seul, & il n'aura qu'une misérable récolte. Il préfère donc de s'épargner sur sa part pour tâcher d'en donner à un autre, à condition que cet autre lui aidera dans son travail.

D. J'entends : voilà une distribution, mais je n'y vois pas grand avantage. Expliquez-moi votre difficulté.

R. Si un homme, qui travaille feul & pour lui feul, n'obtient qu'une récolte miférable & infuffifante pour lui feul, deux hommes qui travaillent pour eux deux feront dans le même cas pour eux deux, & jufques là je n'y vois point de profit.

D. Cela paroit ainfi, & cela n'eft pas néanmoins, parce que la multiplication des forces opère tel effet dont on n'auroit obtenu aucune partie fans elle.

R. Je n'entends pas cela.

D. Entreprenez tout à l'heure de rouler feul cette groffe pierre, vous ne lui donnerez pas le moindre ébranlement. Si vous vous y mettiez deux, vous la feriez changer de place.

R. Fort bien pour cette pierre..

D. Mais cette pierre pouvoit être dans votre champ & vous empêcher de le cultiver ; le travail de l'homme fecondé a donc, comme la terre, le don de multiplier fes effets ?

R. Rien n'a le don de multiplier les fruits que la terre ; le travail de l'homme n'eft productif que par elle, & nous ne pouvons faire de travail productif que par le travail direct de la culture ; mais les autres travaux, en aidant à celui-là, aident à la culture, & par conféquent à la multiplication des fruits. C'eft-là tout.

D. Et comment par exemple ?

R. Si vous êtes dans votre champ à travailler & qu'il vous en faille revenir pour faire votre foupe, indépendamment du travail pour faire le feu & la préparer, celui d'aller à votre maifon & de revenir à votre champ eft un tems & un travail perdu pour tout le monde, c'eft-à-dire pour votre repas. Votre femme ou tout autre pourvoit à votre foupe tandis que vous travaillez, il eft bien jufte qu'il en ait fa part.

D. Et de quoi cela a-t-il avancé l'ouvrage ?

R. De tout le tems & de tout le travail que vous auriez perdu. Au refte, vous êtes le juge de cela vous-même, & vous êtes le maître d'opter pour la privation de fecours, mais fi vous voulez une aide quelconque, il faut la payer, c'eft-à-dire lui donner fa part. C'eft là fon droit, comme fon devoir eft de travailler pour acquérir fon droit.

D. Eh bien! je ne me servirai que des bêtes qui n'ont point de droit.

R. L'idée n'en est pas neuve, & c'est elle qui a fait toutes les charues qui sont attelées de bestiaux. Cependant les bêtes ont leur droit aussi, qui est dans la nature & que vous ne pouvez frauder.

D. Et quel est-il?

R. Celui d'être nouries & soignées par vous, sans quoi elles dépériront & vous deviendront inutiles & mouront.

D. J'entends: le droit est la subsistance. Eh bien! je ne me servirai que d'outils, ceux là ne mangent rien.

R. Non, mais ils s'usent, ils dépérissent, il faut les racommoder ou les remplacer, ou vous le ferez vous-même, auquel cas vous quitterez votre travail; ou ce fera un autre, & celui-ci mange & ne vous donnera fon travail que pour une part.

D. Que faire donc?

R. Perdre le défir de ne point partager, & croire au contraire que plus on a de quoi partager, de quoi diftribuer aux autres, plus on eft riche, plus on a de moyens de le devenir encore d'avantage, pourvu qu'on fache calculer.

D. Qu'eft-ce à dire *calculer*?

R. C'eft favoir ce qu'une aide nous coute, & ce qu'elle nous profite, & ne partager qu'avec celle qui nous profite plus qu'elle ne nous coutera.

D. Eft-ce ainfi que doit fe faire la diftribution?

R. Sans doute, & c'eft la feule manière qui puiffe la rendre durable & perpétuelle.

D. Pourquoi cela ?

R. Vous voyez bien que si vous donnez de vos avances à perte, le tas diminuera & la récolte sera moindre; & de diminution en diminution vous deviendrez à rien.

D. Mais vous m'avez dit tout à l'heure qu'on pouvoit acroitre les avances, donc la récolte donne au-de-là de la restitution de ses avances.

R. Sans doute, & ce n'est qu'en mettant à profit cette générosité de la nature, que les cultures très foibles d'abord sont venues au point où nous les voyons.

D. Eh bien la restitution exactement faite des avances, ne puis-je pas consommer le reste dans le repos.

R. Nous n'en sommes pas là encore : observez seulement que votre récolte, toute votre efpérance future, eft expofée à l'infulte des animaux, à l'intempérie des faifons; fi vous ne gardez rien pour des cas de malheur, ils vous trouveront dépourvu, & vous périrez faute d'avoir eu de doubles avances.

D. Que faut-il donc que je faffe de mon fuperflu?

R. Un acroiffement de votre pro-priété.

L A

PROPRIETÉ AGRICOLE.

D. Qu'appellez-vous en ceci ma propriété?

R. Vos avances, qui vous appar-tiennent en propre, qui font à vous, & qui ne font qu'à vous.

D. Mais, passé mes besoins, tout ce tas immobile & périssable ne sera qu'un embarras pour moi. Qu'entendez-vous d'abord par ce tas immobile?

R. J'entends mon magasin de provisions que vous voulez que j'augmente.

D. Vous oubliez donc que nous sommes convenus que toutes ces avances avoient un objet d'emploi.

R. Je me le rappelle, tout cela est destiné à la culture.

D. Vous avez dit aussi que vous auriez des bêtes & des outils pour cultiver à moins de frais; tout cela n'est plus si immobile ni si périssable.

R. J'en conviens : mais il est toujours embarassant, dès que je n'ai pas besoin d'en avoir tant.

D. Attendez : connoiffez-vous bien l'étendue, l'efpèce & la portée de vos befoins ?

R. A peu près : il me faut là fubfiftance, le vêtement & le repos : tout en gros fe réfume à cela.

D. Mais pour la nourriture, eft-ce le gland ou le pain ? eft-ce l'eau ou le vin ? Pour le vêtement, eft-ce l'écorce des arbres ou la peau de vos bêtes, ou la chemife, l'habit, la vefte, les fouliers &c. ? Pour le repos, eft-ce le vieux tronc d'un arbre ou un abri commode ? répondez.

R. Je vois bien que nos befoins naturels peuvent avoir une extenfion fort grande.

D. Mais que j'aye plus ou moins d'avance, cela me fera cultiver plus ou moins : mais cela me fera-t-il un habit, ou une maifon ?

R. Sans doute, puifque tantôt au moyen d'une part, vous avez eu quelqu'un pour vous faire la foupe, vous aurez bien auffi à même condition quelqu'un pour vous faire un habit &c.

D. Et tout ce que j'aurai acquis de la forte, c'eft-à-dire en échange d'une portion de mes produits, eft à moi & à moi tout feul ?

R. Sans doute, comme votre foupe étoit à vous tout feul tout à l'heure.

D. Non pas, car il m'en falloit diftraire la part de celui qui l'avoit apprêtée, & je n'en faurois faire de même de mon habit ?

R. Vous êtiez bien le maître de faire votre foupe à part & de n'en rien retrancher pour votre aide, pourvu que vous lui donnaffiez fa portion à confommer à fa fantaifie. Il en eſt de même de votre habit. Votre homme ne prend pas une manche de votre habit: mais le payement que vous en avez fait repréſente ou ſa ſubſiſtance ou ſon vêtement ſelon ſon beſoin ; & il n'a plus rien à prétendre à l'habit, qui eſt à vous & à vous tout ſeul.

D. Je vois qu'avec mes proviſions je puis me procurer ſelon mes déſirs toutes autres choſes étrangères à celles · là, & que ces choſes, une fois que je les aurai échangées contre mes proviſions, ſeront ma propriété. Mais dès lors tout cela ne ſert plus à l'objet naturel de mes avances?

R. C'eſt ſelon : car cet objet naturel quel eſt-il ?

D. La culture, avons - nous dit, & la meilleure culture : mais par exemple, fi je me fais bâtir une maifon pour me loger je ne vois pas comment elle pourra fervir à ma culture ?

R. C'eft felon, vous dis-je; cette maifon qui vous loge mieux vous donne un meilleur repos & ce qui s'en fuit, un meilleur travail, & ainfi à vos beftiaux qu'elle préferve des injures de l'air, & à vos outils qu'elle conferve; & elle devient par-là une aide de votre travail.

D. En marchant de la forte vous verrez que tout labourera.

R. Sans doute, & fi tout ne laboure de la forte, c'eft-à-dire, n'aide par enchaînement aux travaux productifs, toute dépenfe qui fort de ce cercle contrarie l'ordre naturel & fait tarir fa propre fource.

D. Qu'entendez - vous par une *dé-pense* ?

R. Une confommation.

D. Mais cette confommation eft néceffaire pour vous, & pour ceux qui vous aident & pour vos animaux de travail, & pour ceux que vous nouriffez pour le profit ?

R. Oui: mais vous pouvez mal calculer dans la diftribution de cette confommation & la détourner de fa fource.

D. Et quelle eft fa fource ?

R. Vous l'avez vu., c'eft la production annuelle.

D. Et comment une confommation qui n'eft pas acquife par un travail, qui aide aux travaux productifs, tarit-elle fa propre fource ?

R. C'eft qu'étant mal placée, c'eft.

une déperdition d'avances détournées de leur emploi naturel qui eft la reproduction, & que cette confommation, ne fe reproduifant plus, ne fera qu'une confommation paffagère.

D. Mais nous avons dit qu'il y avoit un excédent par de-là la reftitution des avances?

R. Oui, mais nous avons trouvé pareillement que ce devoit être ou un corps de réferve contre les cas fortuits, ou un acroiffement de biens & d'avances. Ces deux emplois font dans l'ordre naturel, & ce qui en fort lui eft contraire, & ce qui eft contraire à l'ordre naturel l'eft à la perpétuité de toutes fortes de jouiffances durables.

D. Vous parlez de jouiffances durables, & comment fe les affurer par toutes les avances poffibles, fi l'on n'a un fond de terre affuré, fur lequel on puiffe en faire l'emploi ? Qu'entendez - vous par un fond de terre affuré ?

R. Je veux dire qu'il foit à moi en propriété, afin que, quand je l'aurai cultivé, un autre ne puiffe pas en prendre les fruits acquis par mon travail.

D. Mais puifqu'il faut que ce travail fe renouvelle fans ceffe, n'eft-il pas bon que ce fond foit à moi en propriété ?

R. Je le crois très utile & même néceffaire.

D. Et comment s'affurer un fond de terre à foi tout feul ?

R. Par fon travail.

D. Que voulez-vous dire ? tout à l'heure pour assurer le travail il falloit un fond de terre ; & maintenant pour assurer un fond de terre, il faut le travail ?

R. Disons mieux : il faut un fond de terre pour y employer ses avances de culture ; & il faut un travail préparatoire pour acquérir la propriété d'un fond de terre.

D. Appellez ce travail comme vous voudrez, n'est-ce pas toujours un emploi d'avances ?

R. Sans doute, & vous ne pouvez acquérir un fond autrement. Quand les terres ne sont pas cultivées, on accorde des friches à ceux qui peuvent les défricher, sans exiger d'eux aucunes charges de redevance envers

qui que ce ſoit, parce que ces défrichemens ſont profitables.

D. Et comment tout cela ſe fait-il?

R. Le cours ſuivant vous l'apprendra.

COURS D'INSTRUCTION POPULAIRE.

TROISIEME PARTIE.

LA VIE SOCIALE.

D. Nous avons vu ce que c'est que la vie naturelle, quels font fes droits, que pour s'affurer la jouiffance régulière de fes droits, c'eft-à-dire, de fa fubfiftance & de fes autres befoins, il falloit porter fes devoirs, c'eft-à-dire, fon travail vers la culture

C

de la terre, & embraſſer la vie agricole. Dans ces deux cours de vies rélatives l'une à l'autre, & qui juſqu'à
préſent ne font qu'une, nous avons
vu que la *propriété perſonnelle*, don
de la nature, entrainoit la propriété
de tout ce que nous acquérions en
manière quelconque ſans bleſſer le
droit d'autrui. Cette propriété d'acquets, ou *propriété mobiliaire*, pour
être perpétuée, doit être renouvellée,
& ne peut l'être que par là terre qui
ſeule reproduit tout. C'eſt-là l'objet
de la culture. Mais nous avons découvert qu'il eſt utile & néceſſaire
d'avoir un fond de terre en propriété. C'eſt maintenant où nous en
ſommes.

R. Oui; & c'eſt cette extenſion de
la ſociété qui eſt la baſe de la vie ſo-

ciale, comme la vie ſociale eſt la condition néceſſaire de toute ſociété.

D. D'abord, qu'entendez-vous par
cette expreſſion *la vie ſociale?*

R. J'entens la vie des hommes en
ſociété, c'eſt-à-dire, en rapports ſui-
vis entre leurs droits & leurs devoirs
reſpectifs.

D. Je n'entens pas bien : nous avons
dit que les droits des hommes ſe rap-
portoient à leurs jouiſſances, & leurs
devoirs à leur travail. On ne voit au
premier coup d'œil à cela que des droits
& des devoirs, dont le libre exercice
eſt réduit à un aſſujettiſſement & à une
contrainte fort inquiétante, ſur l'uſ-
ſage de la propriété des perſonnes &
de leurs poſſeſſions.

R. L'ordre naturel qui a donné les
droits, & qui a preſcrit les devoirs,

veut qu'ils foient en concours & jamais en oppofition.

D. Comment cela?

R. Par la fertilité inépuifable de la terre, par l'organe de laquelle la nature fe charge de pourvoir à tous les droits, de les multiplier & les accroître à l'infini, pourvu que tous les devoirs foient dirigés & acquités conformément à ce grand ordre.

D. Et quel eft-il ce *grand ordre?*

R. Nous l'avons dit, le devoir eft le travail: l'ordre veut que le travail primitif, le travail effentiel & fondamental de la vie humaine, foit le travail productif, le travail de la culture; & que tous les autres travaux correfpondent & aident à celui-là, felon le rang qui leur eft prefcrit.

D. Quoi c'eft-là l'ordre focial?

R. C'en eſt du moins le réſultat naturel & néceſſaire. C'eſt ainſi que les devoirs feront dirigés & acquités, conformément à l'ordre naturel ; & c'eſt au moyen de cette condition réguliérement obſervée, que la nature ſe charge d'acquiter à chaque *devoir* ſon *droit*, de donner à chaque travail ſa part de ſubſiſtance, & des autres jouiſſances requiſes.

D. J'entens : maïs vous me parlez ici d'un rang preſcrit aux travaux par l'ordre même, & ſelon lequel il faut qu'ils arrivent à l'aide & à l'appui du travail fondamental. Quel eſt-il ce rang ?

R. C'eſt leur rang d'utilité, & c'eſt encore l'ordre naturel qui l'indique.

D. Comment cela ?

R. Il eſt, par exemple, plus preſſant de manger que d'être vêtu.

D. Je le crois ; car, à tout prendre, l'homme peut vivre nud, & l'on en voit des exemples, au lieu qu'on ne ſauroit vivre ſans manger.

R. Eh bien! il ſuit de-là que l'ordre preſcrit que vous partagiez avec celui qui vous ſait la ſoupe, avant que de tirer la part de celui qui vous ſera un habit; & que ſi vous n'avez qu'une part à donner, elle ſoit pour la ſoupe d'abord, & que vous vous paſſiez d'habit; comme en ce cas, celui qui ne ſauroit ſaire qu'un habit ſe paſſeroit de ſubſiſtance, ce qui ne ſe peut : ainſi il ſe prêteroit à d'autres ſervices.

D. Et enſuite?

R. Que vous préfériez dans vo-

tre diſtribution qui eſt votre dépenſe, d'avoir un habit plutôt qu'une
maiſon, parce que l'habit eſt le premier abri, & que la maiſon n'eſt que
le ſecond, & qu'on peut ſe loger ſous
une hutte, en atendant qu'on puiſſe
ſe conſtruire un meilleur logement.

D. J'entens: l'ordre veut que nous
ſuivions dans nos dépenſes l'ordre de
nos beſoins. Ce commandement n'eſt
pas fort difficile : mais comment cet
ordre de convenances pour nous ſe-
ra-t-il l'ordre. de correſpondance des
divers travaux des hommes, avec le
travail fondamental, le travail productif?

R. Cela eſt bien ſimple. Rien n'eſt
d'abord plus utile à ce travail de culture que la ſoupe qui vous fait vivre,
& nous avons vu comment c'étoit un

profit pour votre travail qu'on vous l'apprêtât, au lieu de venir vous l'apprêter vous même. Il en fut de même de votre habit, de votre maison & de tous les agencemens & perfectionnemens de toutes ces choses, qui toutes, selon l'ordre naturel, doivent tendre à l'accélération de votre travail, pour satisfaire aux besoins le plutôt possible.

D. Comment cela ?

R. De deux manières. Vous êtes d'autant plus excité à votre travail, que vous voyez qu'il vous procure de quoi payer & attirer tous les services, & votre travail devient d'autant plus fructueux, que vous obtenez plus de services qui ont un rapport ou direct ou indirect à votre travail, mais qui lui font toujours utiles.

D. Et c'eſt-là ce que vous appellez *les rapports?*

R. Sans doute : quels rapports plus eſſentiels la nature peut-elle mettre entre des êtres créés ſéparément, que ceux que la néceſſité des dépenſes met entre les hommes, entre vous & celui qui fait votre ſoupe : vous dépenſez l'un & l'autre le produit de la même terre. Vous l'appellez *vôtre*, parce que c'eſt vous qui l'avez fertiliſée. Mais dans le fait, votre part eſt le ſalaire de votre travail , comme la part du cuiſinier eſt le ſalaire du ſien. Car dans le fait, c'eſt la terre qui vous paye l'un & l'autre, & l'un par l'autre. Voila vos *rapports*, vos *dépenſes* & vos *travaux.*

D. Et ce font ces rapports des travaux & des dépenſes que vous appellez la ſociété ?

C. 5

R. Oui, & vous voyez que la vie fociale, indifpenfable à la profpérité humaine, eft d'inftitution de la nature, & nullement de convention arbitraire entre les hommes.

D. Et quelle eft la bafe de la fociété ?

R. Les avances.

AVANCES SOCIALES.

D Qu'eft-ce que les avances de la fociété ?

R. Vous les avez vu naître en démêlant les avances de la vie, enfuite celles de la culture. Ne les perdez jamais de vue ; car au fond tout fe réduit à cela. Votre père qui vous a fait les avances de la vie, c'eft-à-dire, qui vous a nouri gratuitement en un tems où vous ne pouviez lui rien rendre par votre travail, ne l'auroit jamais pu faire s'il n'eut eu des avances en excédent, c'eft-à-dire, par de-là tout ce qu'il devoit employer à fon travail néceffaire.

D. Et ces avances où les a-t-il prifes ?

R. Vous ne vous rappellez plus cet excédent de la récolte par de-là la reftitution des avances, excédent que vous vouliez dépenfer en fantaifies ?

D. C'eft-à-dire, que cette part que je reçois gratuitement fort encore de la terre.

R. Sans doute : ne vous ai-je pas dit que la nature fe chargeoit d'être la nourice de tous, pourvu qu'on fût fidèle à l'obfervation de fon ordre.

D. Et si mon père est ce faiseur de soupe, ou tel autre de ces salariés qui n'ont point de terre, où prendra-t-il des avances?

R. Sur sa portion, qui toujours vient de la terre comme vous savez, & dont il réservera une part pour vous.

D. Vous supposez donc qu'on lui cédera une portion plus grosse que ce qu'il lui faut pour lui, & c'est ce que j'ai peine à croire.

R. C'est cependant cela, & c'est ce qu'opère la multiplication des travaux & des salaires.

D. Ceci mérite d'être expliqué.

R. Celui qui fait votre soupe ou votre habit, en redoublant de travail, peut faire en même tems celui de dix autres, qui tous lui donnent un salaire représentant une portion quelconque : & fur le nombre il gagne plus qu'il ne lui faut pour fa fubfiftance, & il réferve quelque chofe pour fon enfant. Ainfi donc, c'eft toujours de la terre que font tirées les avances qui vous font vivre, quoique vous viviez du falaire accordé à un travail d'induftrie qui s'entremet entre le travail productif & vous.

D. Ainfi donc le travail d'induftrie augmenteroit fa population aux dépens du travail productif.

R. C'eft tout le contraire : & le travail ftérile, c'eft-à-dire, celui qui n'eft pas directement productif, tend toujours, felon l'ordre, à accroitre le travail productif : mais expliquez votre penfée.

D. Ma penfée eft bien fimple, puifque le travail d'induftrie ou de fe-

cours fe fait payer par de-là fon néceffaire, c'eft autant de pris fur le
travail productif fans compenfation.

R. Vous oubliez deux points qui
nous ont paffé fous les yeux. L'un
que nous venons de dire tout à l'heure,
que c'étoit par redoublement de travail que cet induftrieux étoit venu à
bout de vaquer à plufieurs fervices à
la fois. Or redoublement de travail
eft déja un gain pour tout le monde,
puifque c'eft multiplication de *devoirs*
qui entraine celle des *droits* que la nature s'eft chargée d'aquiter; & puis
cela fuppofe perfectionnement de l'induftrie qui eft encore un grand gain.

D. Comment cela?

R. L'induftrie, nous l'avons vu,
fut primitivement une aide. Redoublement d'induftrie eft donc redouble-

ment d'aide, & cela va à l'infini. Par exemple, vous voyez ce bateau, il porte la charge de cent charettes. Ces charettes feroient attelées chacune de quatre chevaux, il faudroit 400 chevaux & 100 conducteurs à la place de ces trois hommes qui conduifent ce bateau, & de l'homme & des quatre chevaux qui le tirent. Ces chevaux & ces hommes auroient befoin de leur portion pour vivre, & toutes ces portions feroient prifes fur la récolte des champs qui ont produit ce chargement. L'induftrie donc qui a fait ce bateau épargne 96 hommes & 396 chevaux. Vous voyez bien que le maître batelier peut gagner beaucoup plus que n'auroit fait le maître charetier, & pourtant procurer un immenfe profit pour la production.

D. Cela eſt clair. Et quel eſt l'autre point que j'avois oublié? car l'explication de celui-ci m'a beaucoup ſatisfait.

R. Vous voyez donc que redoublement de travail & redoublement d'induſtrie peuvent & doivent être au plus grand profit de la production, quoiqu'elles ſoient au grand profit de l'induſtrie. Ce que vous oubliez encore, c'eſt qu'il eſt dans la nature que le premier receveur des biens, qui eſt le producteur, n'appellera perſonne au partage de ſa fortune, qu'autant qu'il y trouvera ſon intérêt, qui eſt toujours l'augmentation de ſon produit. Ainſi plus, ſelon l'ordre, vous voyez proſpérer les agens de l'induſtrie, plus vous devez préſuppoſer une plus grande proſpérité radicale, c'eſt à-dire, une plus forte production.

D. J'entens : mais pourquoi dites-vous *selon l'ordre?* eft-ce qu'il en peut être autrement ?

R. Sans doute : rappellez-vous que ci-devant vous croyez pouvoir dépenfer votre excédent en fantaifies. Or fi un homme devient fol, & qu'il fe faffe un premier befoin d'avoir des filles de joye, cela n'ira plus : & cette dépenfe-là nuit à tout & ne fert à aucun.

D. Je comprens cela : mais les fols font rares ?

R. Pas tant ; d'ailleurs il y a bien des dégrés de folie entre celui-là qui eft l'excès, & le bon & utile emploi felon l'ordre naturel. Or tout ce qui n'obéit pas à cet ordre le contrarie ; & tout ce qui contrarie l'ordre détruit au lieu de faire profpérer.

D. Il n'y a donc que les dépenfes de premier befoin qui foient fages & felon l'ordre ?

R. Qui vous dit cela ? au contraire, toutes dépenfes font & doivent être utiles, fi elles ne font contre les mœurs : & encore les mœurs ont un principe dans l'ordre, fans lequel elles feroient toutes indifférentes ; ceci n'eft pas de notre queftion actuelle : mais toutes les dépenfes ont un ordre naturel, hors duquel elles font nuifibles & re-préhenfibles par conféquent.

D. Et quel eft l'ordre naturel des dépenfes ?

R. Je vous l'ai dit ; cet ordre eft fans doute l'ordre des befoins.

D. Et felon cet ordre, la plus gran-de population de la claffe d'induftrie ne fauroit nuire à la claffe productive?

R. Au contraire elle lui fert, à moins qu'elle ne foit forcée.

D. Que veut dire *forcée* ?

R. Elle le peut être en deux manières. La première eft celle que nous venons de dire tout à l'heure. Le défordre dans les dépenfes, qui donne à des dépenfes de pure fantaifie ce qui étoit deftiné à des dépenfes, dont l'effet eut été d'aider la production, & de la renforcér.

D. Et quel eft l'effet de ce défordre qui eft rélatif au déplacement de la population que vous appellez population forcée ?

R. De ce dérangement provient d'abord la multiplication du genre d'ouvriers qui fourniffent à ces dépenfes défordonnées ; car l'induftrie fuit toujours l'impulsion que lui donnent les dépenses: mais cette multiplication est forcée, puisqu'elle est contre l'ordre naturel.

D. J'entens celle-là, & ne l'oublierai point : mais quelle est l'autre?

R. L'énonciation de l'autre vous expliquera ce que je viens de vous dire, que l'accroît des agens de l'induftrie eft, felon l'ordre, au profit de la production. En effet cette multiplication opère une concurence de fervices qui s'offrent. Or le propre de toute concurence d'acheteurs eft de mettre les chofes à acheter à l'enchère, & le propre de la concurence des vendeurs eft de les mettre au rabais : le cultivateur eft un acheteur de fueurs, & un vendeur de denrées. L'induftrieux eft un vendeur de fervices & un acheteur de denrées. Plus il s'offre de ces derniers, plus les fer- vices font à bon marché pour le cul- tivateur & les denrées à bon prix ; moins donc le cultivateur dépenfe pour fe procurer des fervices, & plus il lui refte de denrées, qui ont un bon prix, à dépenfer pour d'autres befoins.

D. Fort bien jufques-là, mais dites moi quelle eft l'autre manière d'opé- rer la multiplication *forcée* des agens de l'induftrie ?

R. C'eft l'injuftice, & tout ce qui privilégie un ferviteur plutôt que l'autre.

D. Oh ! pour celle-là, elle n'eft pas à craindre, à moins que les hommes ne vouluffent extravaguer à pure perte?

R. Hélas ! la terre n'en donne que trop d'exemples. Vous voila ,

par exemple, une famille : un des enfans de fa maifon a appris à faire des
fouliers. Ne vaut-il pas mieux, pour
le profit de la maifon, faire faire tous
les fouliers de la famille par celui
qu'il faudroit nourir également, que
de payer des gens de dehors pour nous
fournir des fouliers?

D. C'eft une chofe fimple. Quelle
objection à faire à cela?

R. Mais cet enfant eft mal adroit,
il gâte beaucoup de cuir. Ne crai-
gnant la concurence de perfonne,
rien ne le preffe, ni ne lui donne de
l'émulation. Affuré de fes pratiques,
il travaille en pareffeux, & il fe trouve qu'entre la perte de tems & de
denrées, le mauvais fervice & calcul
fait, la famille gagneroit beaucoup à
fe faire fervir à meilleur marché, &

que cet enfant fît autre chose ou ne vécût pas. Cet enfant, dès lors, est une population forcée. Son entretien est une dépense forcée, & qui tourne au détriment de la production, dans l'avantage de laquelle gît l'intérêt radical de toute la famille.

D. Je vois en gros que pour le bien général, il faut que la classe industrieuse soit la moins nombreuse possible, & la classe productive la plus nombreuse possible?

R. Point du tout; car la classe productive est elle-même une manière de classe industrieuse employée au premier rang à la manœuvre de la production. Vous avez vous-même ci-devant prévu tel cas où vous renonciez à vous faire aider par des hommes, & préfériez des bêtes, parce qu'elles vous coutoient moins, & puis où vous préfériez aux bêtes des machines par la même raison. Il est donc très souvent tel cas où la plus grande population de la classe productive seroit un mal.

D. Et quel seroit ce cas-là?

R. Tout cas forcé.

D. Qu'entendez-vous par un *cas forcé* en ce genre?

R. C'est le cas où le cultivateur est obligé de cultiver à grands fraix faute de pouvoir faire mieux.

D. Donnez-moi des exemples de ces cas-là.

R. Si ce cultivateur avoit de quoi acheter & nourir deux chevaux, il auroit une charue, & laboureroit à profit un grand champ; faute de cela, il en cultive à bras un petit, lui & sa

famille,

famille, & il confomme même en vi-
vant misérablement tout ce que fon
champ lui rapporte, & n'a jamais rien
par de-là pour lui former des avances.

D. Et que faut-il pour éviter ces
cas forcés?

R. Il faut que fans aucun égard à
l'emploi des hommes ou des animaux
ou des machines, la manœuvre de la
culture tende toujours à l'épargne
des frais, & au plus fort excédent par
de-là la reftitution des avances.

D. Et quelle eft la voye de cette
bonne manœuvre-là?

R. La liberté, & que chacun tende
à fon intérêt particulier & à l'avantage ifolé de fon entreprife particulière.

D. J'entens cela, & je vois que,
faute de calcul, tout premier apperçu
nous conduit à l'erreur?

D

R. Il eft vrai : mais l'erreur où vous tombiez tout à l'heure par l'exclufion de la concurence des fervices étrangers choquoit même les principes ; car c'eft une injuftice felon l'ordre naturel des droits & des devoirs.

D. Voyons cela ?

R. Le droit primitif & naturel de la claffe productive & de la claffe ftérile eft d'ufer librement de leur propriété, & ce qui n'eft qu'une même chofe, d'acheter & de vendre librement à leur volonté. La nature les punira s'ils vont contre fon ordre qui eft leur intérèt : & perfonne n'a droit de les contraindre, ni de leur prefcrire des règles ; car perfonne ne peut calculer auffi fûrement qu'eux mêmes leur intérèt. Or vous venez de le faire dans votre famille, & contre ceux du dehors: & c'eft ainfi que vous avez fait injuftice, car l'injuftice n'eft autre chofe que d'attenter au droit d'autrui.

D. Je comprens cela : mais vous venez de dire qu'acheter & vendre n'eft qu'une feule & même chofe. Ce font chofes contraires. Expliquez-vous.

R. Cela eft pourtant bien fimple. Ne voyez-vous pas que quand vous achetez des fouliers de cet homme, vous lui vendez en même tems fon falaire, fa portion qu'il achète par fon travail. Ainfi il achète de vous fon falaire, & vous achetez fon travail. Il vous vend fon travail, & vous lui vendez fon falaire. Tout achat & toute vente n'eft qu'un échange. Il eft impoffible d'acheter, qu'en même tems on ne vende. Cela fe fent, car il faut vendre pour payer ce qu'on achète ; & pour que vous puiffiez vendre, il faut qu'on achète.

DROITS ET DEVOIRS

SOCIAUX.

D. JE vois que la focieté n'eft qu'un amas d'achats & de ventes, d'échanges & de rapports des droits & des devoirs. Je vois que c'eft la culture qui en a fait & qui en perpétue les avances de tous les genres, & que tout doit fe rapporter là, comme tout en vient. Mais les droits & les devoirs fe compliquent terriblement en avançant dans la vie fociale.

R. Point. C'eft toujours la même marche, toujours dictée par l'ordre infaillible & naturel. Le *devoir* eft toujours de chercher & de servir notre intérêt par le travail : le droit est de jouir librement de ce que nous gagnons légitimement par notre travail, ou de ce que nous recevons par le bienfait des autres.

D. Fort bien jusques-là. Mais l'ordre qu'il faut observer dans tout cela ?

R. L'ordre est le même pareillement, dans toute profession, dans toute marche morale & physique. D'abord restituer les avances à la terre, c'est-à-dire, les y remplacer avant tout, sans quoi tout séche & périt à son terme : ensuite dépenser selon l'ordre de ses besoins ; enfin respecter inviolablement le droit d'autrui, si l'on veut maintenir le sien propre. Ainsi cet ordre observé réciproquement est la sûreté de tous.

D. Qu'entendez-vous ici par ce mot *toute marche morale ?* Je croyois que nous ne traitions que du physique.

R. Oui : mais tout le moral en dérive, nos droits & nos devoirs moraux ont leur principe dans nos droits & nos devoirs physiques, il en est de même de nos intérêts.

D. Comment cela, je vous prie ?

R. En voulez-vous un exemple ? Votre père vous a fait les avances de la vie & de la subsistance ; voila le principe du devoir filial qui a toujours un effet rétroactif, parce que ces avances-là ne peuvent jamais être entiérement restituées. Ce devoir néanmoins est au profit de tous deux ; car votre père, nous l'avons dit, ne peut enfreindre votre droit, & vous jouissez en commun de l'atrait & de l'aide réciproque.

D. J'entens & conçois le principe & le profit respectif du devoir filial: mais celui-là ne dit rien pour les autres; car le droit du père est unique, comme l'est la paternité.

R. L'exemple est unique dans l'espèce, il est vrai, mais non pas dans le genre, c'est-à-dire, vous n'avez qu'un père, mais les avances gratuites qui, indépendamment de tout sentiment de la nature, lui ont acquis un droit sur vous, vous pouvez en avoir reçu ou en recevoir encore beaucoup d'autres. C'est en effet de ce genre qu'est le droit des bienfaits qui implique le devoir & le dévouement de la reconnoissance.

D. J'entens : les bienfaits font des diminutifs d'avances paternelles. Poursuivez.

D 4

R. Vous voyez donc à ceci, d'une part, le principe du lien qui conſtitue les vertus morales, ſociales, toujours fondé ſur les droits & les devoirs : de l'autre leur utilité. Vous voyez le principe de ce retour dont les effets ont donné lieu au proverbe, *qui bien fera bien trouvera*. Le ſentiment général qui voue à l'anathême l'ingratitude part d'un principe d'équité que la mère nature mit dans tous les cœurs, principe auquel tiennent auſſi les entrailles de père, & le naturel d'un bon fils. Le bienfaiteur dans la ſociété ſème autour de lui des arrhes de paternité.

D. Je conçois cela, & je vous l'ai dit tout à l'heure ?

R. Oui : mais les principes calculés doivent tout éclairer, & nous apprendre que tout cela eſt fondé ſur des avances, & que ce qui en réſulte n'eſt que l'effet de la marche régulière des rapports entre les droits & les devoirs. Que ceci ſuffiſe déſormais entre nous quant au moral, qui n'eſt pas du reſſort de notre étude.

D. Cependant le reſpect filial, dont vous faites la baſe de tous les rapports ſucceſſifs, me paroit uniquement fondé ſur le moral.

R. Comment cela?

D. Si quand le fils eſt adulte, il n'étoit retenu par un ſentiment fondé en moralité', il pouroit s'éloigner & ſe diſpenſer de rien rendre à ſon père?

R. Sans doute: mais il ſe condamneroit par ſon propre fait à n'être jamais père de perſonne, c'eſt-à-dire, à n'oſer jamais faire d'avances pour qui ni pour quoi que ce foit, de crainte que la reftitution ne lui fût enfuite refufée. L'intérêt ne fe réunit-il pas ici au fentiment moral?

D. J'en conviens : il marcheroit plus ferré fans doute, & n'avanceroit rien qu'à profit fûr & certain?

R. Cependant nous avons vu que rien ne marchoit que par des avances, que l'homme ne pouvoit rien faire fans aide. Or pour ranger feulement la pierre de tantôt, il faut que cet impie fe fie à fon camarade en le payant à l'avance, ou que fon camarade fe fie à lui, & travaille le matin dans l'efpoir d'être payé le foir. Le voila déja méfiant par l'expérience & par la connoiffance de fon propre délit, qui eft ce qu'on appelle *remords*. A plus forte raifon fe méfiera-t-on de lui; ainſi toute aide lui manque, & c'eſt un mal vraiment phyſique.

D. Je le conçois & j'en conviens. En eſt-il ainſi de toutes les autres vertus ſociales?

R. Tout de même, du plus au moins : toutes partent du *devoir* qui eſt notre intérèt, toutes ſe rapportent à un centre, *la juſtice*, qui eſt auſſi notre intérèt, & qui aſſure le droit à tous. Mais le tout enſemble a une baſe phyſique, les *avances* : voila le point; c'eſt ce point qu'il ne faut pas perdre de vue, & ſans lequel toute la moralité poſſible ne peut que nous égarer. Si nous écartons ou feignons d'écarter de notre étude *la morale*, iſolée de ſon principe phyſique, ce n'eſt pas que nous méconnoiſſions ſon influence divine, ce fentiment pur qui annoblit l'homme, & élève fon intérèt. Mais notre tâche eft de cultiver l'arbre par fa racine, d'autres foigneront les branches : c'eft par la racine feule que peut s'entretenir & fe perpétuer fa vigueur.

D. Eh bien donc! Suivons la marche phyfique, & dites-moi comment, avec toute l'équité poffible & les meilleurs principes, je puis démêler l'enchaînement & les rapports des droits & des devoirs des hommes qui compofent la fociété qui eft fi vafte & fi compliquée?

R. Quelque vafte que foit la fociété, elle ne l'eft pas affez encore ; car, felon l'ordre, elle doit, ainfi que vous le verrez, s'étendre généralement fur toute l'efpèce humaine, qui a partout les mêmes befoins, & qui ne peut profpérer que par les rapports des travaux & des dépenfes des hommes entr'eux.

D. Fort bien, mais pour le préfent il me fuffit d'une fociété feule, pour me trouver bien embaraffé à débrouiller le cahos apparent que fa complication met dans les droits & les devoirs.

R. Quelque vafte que foit la fociété, elle n'en eft pas pour cela plus compliquée. C'eft un océan dont les goutes d'eau font toutes de même nature, n'ont d'effet que par leur enfemble, & fécheroit à l'inftant même, fi chacune d'elles fe trouvoit féparée du tout.

D. Expliquez-moi, fans figures, comment vous entendez cette unité fimple & fociale ?

R. Nous l'avons vu dans l'article des avances & dans le cours de la vie agricole. Un pays, une province, un royaume, le monde entier, tout cela n'eſt que le champ dont nous parlions alors. La récolte eſt la proviſion de l'année ſur laquelle chacun doit avoir ſa part en récompenſe de ſon travail. Voila tout.

D. Voila tout ? mais montrez-moi donc quel eſt le travail de tout le monde ?

R. Volontiers. Le cultivateur ſans doute ne vous embaraſſe pas. Celui-là vit & paye le ſalaire de ſes ouvriers ſur la reſtitution des avances, & travaille pour la récolte prochaine.

D. Et tous ces beaux Meſſieurs que je vois vivre ſans travailler ?

R. S'ils ne travaillent pas du tout,

ce font des gens qui attentent à l'ordre en ce qui eft de leur petit pouvoir. Mais pourtant leur portion eft affignée fur quelqu'une des qualités que voici. Ou propriétaires des terres qui vivent fur l'excédent que nous avons dit être à la récolte par de-là la reftitution des avancés , ou falariés par leur travail, ou fur la reftitution de leurs avances.

D. Quoi ! les valets ?

R. Sans doute ; c'eft le faifeur de foupe ci-devant.

D. Quoi ! les artifans ?

R. Sans doute : c'eft le tailleur dont nous avons parlé.

D. Quoi ! les détailleurs , les marchands , & tout ce qui compofe le commerce ?

R. Sans doute ; ce font les entremetteurs des échanges qui s'éveillent & s'avifent pour favoir où font les befoins, & où font les provifions, qu'ils achètent en un lieu pour leur compte, & vont revendre pour leur compte dans l'autre. Chacun leur vend & achète d'eux, parce que chacun trouve fon compte à faire ces marchés là; & en faifant ainfi, ils fervent tout le monde, ils trouvent à ce fervice un profit tel qu'il leur refte leur portion fur toutes les chofes auxquelles ils ont mis l'enchère, portion plus ou moins forte felon leur activité, leur induftrie, leur fuccès, & furtout leur habileté & leur travail. Quelque couleur que ces gens-là prennent, & quelque étendue qu'embraffent leurs rapports, ni plus ni moins, tout fe réduit à cela.

D. Et tant de gens qui courent les chemins & les rues ?

R. Chacun y va pour ſes affaires. Mais tous ceux qui voiturent, ſemblables au bateau de l'autre jour, ſont des employés du commerce & des commerçans ?

D. Et ces gens d'art qui font de ſi belles choſes ?

R. Entre les rares choſes il en eſt d'eſſentiellement bonnes ; il en eſt de belles. Les bonnes eſſentiellement ſont celles qui tendent à perfectionner les moyens de l'induſtrie. Vous vous ſouvenez du bateau de l'autre jour. Les belles choſes ſont celles qui ſervent aux commodités, aux ſuperfluités, à l'ornement de la vie. Celles-là, ne venant qu'à leur rang, deviennent bonnes en ce qu'elles civiliſent, égayent, illuſtrent la ſociété , attachent l'homme à ſon ſéjour , le font travailler pour la poſtérité, & l'arrachent ainſi aux excès des appétits ſenſuels qui l'aviliſſent au-deſſous de la brute. Les hommes à talens, qui cultivent ces arts ſupérieurs, participent à la portion des riches qui payent leur travail, & qui ne ſont riches que d'une groſſe part de ce que la terre a produit.

D. Et les ſauteurs, danſeurs, farceurs, baladins de profeſſion, filles de joye &c. ?

R. Vous confondez en ceci beaucoup de choſes, par une méthode qui appelle ſcandaleuſes des choſes licites par approximation avec d'autres qui ne ſauroient être excuſées. Nous ne ſommes pas ici pour purger la ſociété, mais pour connoître & diſcerner les droits de tous fes membres, car tous ont leurs droits auffi facrés les uns que les autres. Ils ont pris un tel état, parce qu'ils font payés par d'autres qui en font les frais volontairement. Ainfi leurs gains font établis fur la liberté de l'ufage, & la propriété des richeffes de ceux qui les payent. Mais ne confondons pas ici les divertiffe-mens avec les voluptés criminelles. Le travail pour la fubfiftance ne fuggé-reroit qu'un dégout pour la vie; il faut que le travail nous faffe exifter agréablement, & il faut que l'exiften-ce agréable provoque le travail. Il faut donc, dans l'ordre naturel, des pro-feffions divertiffantes & des divertiffe-mens. L'homme d'abord travaille pour éviter la mifère, mais il n'eft pas con-damné rigoureufement par la nature à travailler & à pleurer. Pleurer eſt un murmure injurieux à la nature bienfai-ſante, qui ne nous inſpire que louanges, admiration & reconnoiſſance. Tous les outils de corruption ne ſauroient être excuſés, mais il n'eſt point de profeſſion, de celles qu'on peut nommer telles, qui ne puiſſe ſe trouver dans l'ordre réglé des dépenſes, & nulle qui n'ait ſon droit de convention. Quoique ceux qui procurent toutes les ſuperfluités que vous venez de nommer ſoient autant de ſoudoyés des riches ou de la ſubvention commune, par une épargne qui leur procure un ſalaire ſuffiſant pour leur entretien.

D. Et ceux qui cultivent les beaux arts, les amateurs de la poëſie & de l'éloquence, les gens de lettres, les érudits, les ſavans? &c.

R. Nous paſſons rapidement d'une extrêmité à l'autre. Mais dans la recherche des droits à la ſubſiſtance, le pas eſt moins inégal à franchir. Ces hommes ſi propres à illuſtrer & à ſervir, à bien des égards, l'humanité & leur patrie, vivent comme tout autre de leur revenu ou de ſalaires : & ſouvent les plus dignes effets de leurs travaux & de leurs études ne ſont qu'un reſpectable emploi de leur loiſir.

D. Et tant d'employés de tous les genres ?

R. Vous en verrez la néceſſité & la place, pour la plûpart, dans le cours ſuivant ; leur place, dis-je, tant que leur emploi ne ſera pas oppoſé à l'ordre de la juſtice. Mais ſoyez ſûr que tout cela vit de revenu ou de ſalaire. Pluſieurs, & le plus grand nom-

bre, enſbraſſent dans leur fortune par-
ticuliére la participation à ces deux
moyens de ſubſiſtance, mais il n'y a
rien là de compliqué. Chaque individu
a ſon *droit* à la portion de ſubſiſtance
qui lui eſt acquiſe par ſon travail,
comme auſſi ſon *devoir* de remplir la
tâche à laquelle eſt attachée ſa ſubſiſtance. Ce devoir implique celui de
travailler à l'extenſion de ſon droit;
& cette extenſion entraine néceſſairement celle du devoir. Au milieu de
tout cela, la *propriété* de chaque individu ſe montre très diſtincte & très
ſéparée. Dans dix millions d'hommes
qui reſpectent l'ordre ſocial, vous n'en
verrez aucun qui ſoit tenté d'enlever
injuſtement la portion de ſon voiſin.
Toute propriété dérive de la propriété
perſonnelle, & ſe démèlera aiſément

par les principes du droit naturel ;
car c'eſt dans le reſpect abſolu de la
propriété que conſiſte toute juſtice.

LA PROPRIÉTÉ SOCIALE.

D. MAis vous me parlez de revenu : expliquez-moi comment ſe forme le revenu ?

R. Le revenu eſt un réſultat de la
ſociété.

D. Comment cela ?

R. Pour bien connoître le revenu,
comment il ſe forme, s'étend & ſe
reproduit, il faut le conſidérer comme le produit net de la récolte.

D. Enoncez d'abord ce que c'eſt
que *produit net*.

R. Vous l'avez démêlé, il y a longtems, en appercevant le produit des

récoltes qui furpaffe les avances, &
mifes en frais & travaux de toute efpèce à la cultivation.

D. C'eft donc cet excédent qui eft
le produit net. Comment eft-il le réfultat de la fociété ?

R. Ecoutez. La fociété eft l'affocia-
tion & le concours aux mêmes travaux: cette affociation - eft une aide.
Nous avons vu que fans aide nos travaux ne fauroient profiter. Or comme le produit net eft un profit par
de-là la mife, fon commencement eft
l'effet d'un commencement de fociété.

D. Enfuite ?

R. Pour voir comment ce profit va
en augmentant, il faut revenir fur le
motif qui nous a procuré cette aide.
C'étoit pour avoir part à la fubfiftance, que notre compagnon nous a
offert

offert son travail. Ainsi cet accord fut un échange de son travail, auquel vous attachiez une valeur, contre une part de vos provisions, à laquelle il attachoit de son côté une valeur. Par ce moyen il s'est fait un prix de deux choses qui, sans votre rapprochement, n'en avoient pas séparément, à savoir de son travail d'une part dont personne n'avoit que faire, & de votre denrée de l'autre qui vous étoit inutile, puisqu'il vous en restoit encore assez pour vous.

D. Jusques là, je vois que c'est l'échange qui fait la valeur, & je l'avois déja conçu.

R. Vous voyez, je crois aussi, que c'est la société, c'est-à-dire la liaison volontaire des hommes, qui opère l'échange pour leur avantage réciproque.

D. Sans doute: mais il s'agit de me

E

montrer comment elle fait le revenu, ou fi vous voulez le *produit net ?*

R. Nous avons vû que la multiplication des produits dépendoit de la multiplication des travaux : ainfi mon excédent de cette année, pourvu que je l'employe en travaux, m'affure un plus grand excédent l'année prochaine.

D. Eh bien! que s'en fuit-il de-là?

R. Que d'excédent en excédent, je deviendrai tous les ans plus riche, & un centre de diftribution fort abondante; or comme la fociété n'eft autre chofe qu'une troupe d'hommes qui fe preffent & s'induftrient autour d'un centre de diftribution pour y avoir leur portion par échange, je deviens naturellement & felon l'ordre, un centre de diftribution & un point central de fociété, tandis que de-fon côté cette fo-

ciété anime & renforce chaque jour sa
bafe, qui eſt le *produit total*, & la partie diſponible de ce produit qui eſt le
produit net, c'eſt-à-dire, la partie qui
ſurpaſſe celle qui doit être remployée à
la culture de la terre.

D. Pourquoi appellez-vous diſponible votre produit net feulement? Eſt-
ce que la totalité de votre produit n'eſt
pas également deſtinée à la diſtribution?

R. Tout, il eſt vrai, doit être con-
fommé & par conféquent diſtribué.
Mais il eſt une diſtribution qui eſt
exigée par la nature : c'eſt ce qui eſt
deſtiné à remplacer & rétablir toutes
les avances ou les repriſes annuelles
du cultivateur. Nous l'avons vû. Celle-là eſt forcée fous peine de voir diminuer la récolte prochaine, & par

conséquent d'ordonner la mort de quelqu'un de ceux qui avoient leur droit de vivre déja acquis fur le produit courant. Le refte eft le *produit net.* S'il eft diftribué conformément à l'ordre naturel des travaux & des dépenfes, il fructifiera au même point que les avances, & vous vous enrichirez dans la même proportion ; mais quant à cette partie, l'ordre n'eft pas indifpenfable à fuivre pour demeurer du moins dans le même état.

D. Donnez-moi un exemple de cela?

R. Vous recueillez cent boiffeaux de bled, vous en avez dépenfé la valeur de cinquante pour la culture annuelle & tous les frais. Il faut d'abord reftituer, ou mettre à part les cinquante ou leur valeur, pour recommencer la même culture. Car fi vous n'en remplaciez que quarante, en supposant qu'une moindre culture profitât comme une plus forte, encore n'en pourriez vous avoir jamais l'année prochaine que huitante, & vous feriez dépérir d'un cinquiéme : vous savez cela. Maintenant les cinquante boisseaux restans sont ce que nous appellons *disponibles*. Si vous les employez comme les autres, vous mettrez cent en frais de culture, en avances, qui vous rendront deux cent ou environ l'année prochaine : cela est clair. Mais enfin, si vous en avez besoin ailleurs pour nourir vos enfans qui ne travaillent pas, ou telle autre nécessité quelconque, vous en disposerez ailleurs sans pour cela altérer essentiellement les avances de la culture qui demeureront au même

état en lui reſtituant cinquante ſeulement.

D. Vous m'avez pourtant dit qu'il
y avoit un ordre de diſtribution, par
lequel chaque dépenſe tournoit par
impulſion au profit de la cultivation ;
que cet ordre étoit indiqué par la nature & par l'ordre de nos beſoins ;
que c'étoit là l'ordre de proſpérité,
& que tout autre genre de diſtribution lui étoit contraire ?

R. Cela eſt vrai : mais dans la multitude de transformation qu'éprouve
le revenu, en ſe diſtribuant dans la
ſociété, il ſeroit dangereux d'établir
en principe l'emploi régulier des portions de revenu dont chacun doit jouir
librement comme de ſa propriété. En
ceci quoiqu'un véritable économiſte
doive tout ſavoir peſer, nombrer &

calculer dans une mesure donnée, de manière à fixer jusques à la moindre parcelle des dépenses pour montrer où cesse l'ordre prospère, où commence l'ordre préjudiciable ; néanmoins il est trop dangereux d'attenter en manière quelconque à la liberté. L'indispensable est donc la pleine & entière restitution des avances qui doivent régulièrement retourner au même emploi ; le bon emploi du reste est très nécessaire à la prospérité, & la prospérité l'est à la durée. Mais pourtant cette part peut être dépensée à des emplois en apparence étrangers à la cultivation. C'est ce que nous nommons disponible : c'est le revenu ou produit net, les avances de la culture prélevées.

D. Je vois ce que c'est que le revenu, & comment il fe forme par le concours des hommes qui mettent l'enchère aux produits qui font la bafe de la fociété. Mais ces produits appartiennent d'abord au propriétaire des terres, qui eft-ce qui lui attribue cette propriété ?

R. Je vous l'ai dit, c'eft fon travail.

D. Eh bien! vous avez travaillé l'année paffée, je veux travailler celle-ci. Sur quoi fe fonde votre droit de m'en empêcher ?

R. Ne le voyez-vous pas ? J'ai épierré ce champ, je l'ai défriché, foffoyé, planté & fait conftruire des logemens pour le cultivateur & fes domeftiques, pour les récoltes, les beftiaux &c. Pouvez-vous me rendre mes avances ?

D. Sans doute, je vous les rendrai :

mais je veux avoir la place libre à mon tour.

R. Eh bien nous n'aurons pas de querelles, & cela se fait tous les jours; car toutes les ventes de biens fonds ne sont que des cessions de propriété au moyen de la restitution des avances estimées de gré à gré.

D. J'entends, & je vois que les acquisitions de biens fonds sont des échanges ?

R. Cela est incontestable, car rien ne va que par échanges, achats & ventes réciproques, rapports entre les droits & les devoirs.

D. Mais à travers de tout cela, le bon bout reste aux propriétaires des terres ?

R. C'est selon: comment l'entendez-vous ?

D. C'eſt que d'eux part la diſtribution, & qu'il dépend d'eux de fruſ-
trer les autres.

R. Oui, à la condition de mourir
en même tems: car ſans le ſecours
des autres, leurs terres ne rapporte-
ront rien. Ils ſentent ſi bien l'aſſujettiſſement & les hazards de la qualité de receveurs en première main,
que ſi-tôt qu'ils ſont en état de ſe
diſpenſer de labourer eux-mêmes leur
terre, ils en cédent le droit à un autre, en ſe réſervant de gré à gré le
produit net: & c'eſt cette ceſſion à
terme qu'on appelle un bail à ferme,
autre échange du produit poſſible d'u-
ne terre contre un produit net, fixe
& aſſuré.

D. Ceci m'éclaircit encore comment
ſe forme le revenu. Mais, dites-moi,

que fait à tout cela l'argent dont on fait tant de cas dans le monde.

R. Il facilite les échanges ; & comme tout ne va que par échange, il eſt bon à tout.

D. Et comment eſt-ce qu'il a cette propriété-là ?

R. Par la convention des hommes de le recevoir au moyen d'une valeur connue & conſentie en échange de tout. Et c'eſt ſi bien cette convention qui lui donne ſon prix qu'aux lieux où l'on n'eſt pas convenu de s'en ſervir pour les échanges, il n'a pas de valeur.

D. Quoi ! l'or & l'argent aux lieux où ils ne ſervent pas de monnoye n'ont pas de valeur du tout ?

R. Ces métaux ont une valeur ré-lative à leurs propriétés pour les uſa-

ges; ils ont encore une valeur intrin-
séque, & c'est celle des dépenses qu'ils
ont couté pour les tirer des mines,
les épurer, les préparer, &c. & ces
dépenses qui font considérables leur
donnent un fond de valeur qui n'est
ni arbitraire ni de convention; c'est
son emploi comme monnoye qui est
de convention & qui y ajoute une
valeur de plus que les dépenses qu'il
a couté.

D. Mais c'est la convention des
hommes qui donne aussi valeur à
tout.

R. Point; le besoin de manger,
celui de se vêtir &c. donne une valeur naturelle à tout ce qui peut satisfaire à ces besoins; mais l'argent
n'a point cet avantage.

D. Il en a donc d'autres?

R. Il est rare, il est indivisible, il est malléable, incorruptible. Ce sont des qualités qui le rendent propre au commerce, & qui l'ont fait choisir pour gage entre les échanges. Ce choix a beaucoup accéléré les échanges & les travaux, & par conséquent vivifié les sociétés qui en ont fait usage selon l'ordre : & voilà ce que c'est que l'argent.

D. Mais l'argent, à ce qu'il me semble, fait revenu ?

R. Comment cela ?

D. Un homme prête de l'argent & en tire une rente : n'est-ce pas un revenu ?

R. Un homme bâtit une maison de pierre, il la loue & en tire une rente : les pierres font donc un revenu ? Cet homme de l'autre jour a fait un bâteau de bois qu'il promène fur la rivière & qui voiture des marchandifes & denrées ; il en tire un loyer qui eft une rente : les planches font donc un revenu ? avec des pierres & du bois, un homme fait un moulin & il moud le bled des voifins, qui pour ce fervice lui en donnent un feizième, & il loue ce fervice à un meunier moyennant une rente annuelle. La meule a donc fait ce revenu ?

D. Qu'eft - ce donc que toutes ces chofes ?

R. Ce font autant de richeffes & non pas des revenus.

D. Qu'entendez - vous par ce mot de *richeffes* ?

R. Ce font les chofes qui ont valeur vénale ou valeur d'échange entre les hommes. Ces chofes font autant

de propriétés pour ceux qui les pof-
fédent ; mais il n'y a que la terre
qui porte un revenu ; & encore n'eft-
ce que le produit net de la terre qui
fait le revenu.

D. Qu'eft-ce donc que la rente
qu'apportent toutes les chofes que vous
venez de me citer ?

R. Ce font des portions du produit net des terres, attribuées annuellement aux propriétaires de ces chofes, en échange de l'ufufruit de leur
propriété.

D. J'entends cela maintenant pour
les maifons, les moulins & autres chofes d'une utilité vifible. Mais pour
l'argent qui n'eft employé que pour
les échanges, qui paffe de main en
main & dont il ne refte rien à chaque main, comment peut-il apporter
une rente ?

R. N'avons-nous pas dit que l'argent fignifioit tout ? Eh bien ! pour mettre en bonne & forte culture cette ferme de trois cents arpens, j'ai befoin en grains, en fourages, en fumiers, en engrais de toute efpèce, en beftiaux &c. de tant de chofes de chaque efpèce, dont l'achat doit, au prix courant, me couter cent mille francs ou deux mille marcs d'argent. Je n'ai pas cet argent, & vous l'avez. Quand vous me prêtez cet argent, c'eft comme fi vous me prêtiez ces avances. En bonne culture elles me rendent cinquante pour cent de produit net fur la terre. Mais je hazarde, elles dépériffent, & je fuis obligé de les entretenir. Votre état, ou votre volonté, ne vous permettent ni les foins ni les hazards. Vous voulez un revenu fixe & afluré : vous l'aurez, mais de beaucoup moindre. Au bout du compte, il fe trouve que votre rente eft une portion du revénu de ma terre qui vous eft acquife à bon droit.

D. Cela feroit bon, fi l'on ne prê-toit qu'aux cultivateurs. Mais des hommes qui ne cultivent point fe prê-tent les uns aux autres & établiffent des rentes les uns fur les autres?

R. Toujours fur les portions de re-venu, qui leur appartiennent à titre de propriété ou de falaire ; & avec de l'argent qu'on emprunte on peut faire de plus grandes entreprifes de tra-vaux de diférens genres qui multi-plient les gains des entrepreneurs à raifon de l'étendue de leurs entrepri-fes. Mais les gains font toujours payés par les revenus toujours renaiffans de la terre & dont chacun veut avoir une part pour satisfaire à ses besoins, & la plus grande part possible pour augmenter ses jouissances ou ses richesses par des échanges.

D. Je vois que la société ou le concours des hommes autour d'un centre de distribution multiplie beaucoup les propriétés, puis qu'elle en fait de tous les genres. Mais comment & par quel moyen l'ordre peut-il se maintenir au milieu de tout cela?

R. C'est ce que le cours suivant vous apprendra.

COURS

D'INSTRUCTION

POPULAIRE.

QUATRIEME PARTIE.

LA

VIE POLITIQUE.

D. J Usques ici j'ai connu quels
étoient les droits naturels de l'homme, dont l'usage compose sa *vie na-*
turelle ; comment il ne pouvoit s'en
assurer l'extension & la durée qu'en
embrassant *la vie agricole* : comment
celle-ci entraînoit nécessairement *la vie*

fociale ; & comment la nature affuroit les droits de tous au moyen de l'acquit des devoirs de tous, en ce triple état de vie dont eft compofée la vie humaine. J'ai connu que l'ordre circulaire des droits & des devoirs multipliés étoit toujours fimple & affujetti aux mêmes régles naturelles. Je demande maintenant quel eft l'ennemi de cet ordre entre les hommes, & quel eft fon défenfeur ?

R. L'ennemi de l'ordre entre les hommes, c'eft le défir d'étendre fes droits fans accroitre fes devoirs : c'eft la volonté de jouir fans travail.

D. Mais ce fentiment eft vifiblement injufte. Nous avons dit que l'homme répugnoit naturellement à l'injuftice. Il eft donc naturellement éloigné de ce fentiment ?

R. L'homme ne feroit qu'une machine, s'il n'avoit pas de volonté; & ce ne feroit pas une volonté qu'un penchant invincible vers le bien ou le mal. L'homme eſt libre, ce qui fuppofe également le pouvoir de fe perfectionner & celui de fe pervertir; tout homme fentira vivement l'injuſtice quand elle lui fera faite. Mais la cupidité qui eſt une ardeur défordonnée de fes appétits, l'exemple, le befoin même, le porteront facilement à la méconnoître, quand il la croira utile à fon intérêt préfent.

D. Pourquoi dites-vous *quand il la croira utile ?* Eſt-ce qu'au fonds il ne lui feroit pas utile d'ajouter à fon fond celui d'autrui ?

R. Non fans doute, l'injuſtice nuit toujours à l'injuſte; vous l'avez vû

dans l'exemple du fils. Le rapprochement des hommes, si nécessaire à tous
leurs succès, suppose la confiance. La
justice donc raproche tout, & l'injustice sépare tout. Vous voyez bien
que la séparation & l'abandon ne sau-
roient être au fond l'intérêt réel & so-
lide de personne.

D. Voilà donc l'injustice toujours
imminente & prête à troubler la société ; quelle est sa défense contre cette
invasion & ce désordre ?

R. La loi.

D. Qu'entendez-vous par ce mot,
la loi ?

R. C'est l'ordre lui-même. C'est en
effet le grand ordre seul qui fait &
peut faire la loi des sociétés, comme
celle des individus.

D. Je vous demande qui est-ce

qui peut maintenir l'ordre, & vous me dites que c'eſt l'ordre lui-même.

R. Sans doute : ce bœuf eſt à moi parce que je l'ai acquis & nouri. Vous voulez le détourner & le joindre à votre troupeau, je crie à l'injuſtice, & je la prouve en prouvant que vous prenez ce qui eſt à moi, attendu que je l'ai acquis & nouri. Vous voyez bien que c'eſt l'ordre des avancés qui appuye mon droit.

D. Fort bien : mais ſi je ſuis le plus fort, cette preuve, ni votre réclamation ne vous la feront pas rendre.

R. J'en conviens, & ceci néceſſite une force dominante dans la ſociété, qui veille au maintien de l'ordre & à l'obſervation de la loi, qui développe & promulgue la loi, & aſſigne les peines qui doivent être attachées à la tranfgreffion de la loi.

D. Fort bien ! Je réclame en ce moment contre la force , & vous me renvoyez à la force ?

R. Sans doute : car, contre la force, il n'y a de remède que la force. Mais la diférence eft grande : car la force qui vous opprime eft la force privée; & celle qui doit vous fecourir eft la force publique , inftituée pour la fureté de tous.

D. Expliquez-moi donc cette diftinction ?

R. L'homme , à moins que fon propre intérêt, ou ce qu'il croit l'être , ne l'aveugle, eft naturellement ennemi de l'injuftice : cela fe fent. Un mouvement involontaire & fubit nous intéreffe pour un opprimé. La raifon confirme ce fentiment, en nous montrant

trant que la fureté de l'un fait la fureté de l'autre, & que la fureté de
tous fait la nôtre propre. Si-tôt donc
qu'un homme réclame contre l'op-
preffion & la prouve, il eft affuré de
la compaffion générale & de l'appui
de la force publique.

D. Vous me renvoyez donc à frap-
per à toutes les portes pour demander
juftice ?

R. Non, il faut un tribunal plus
décifif & plus impofant: & c'eft pour
maintenir la juftice qu'eft inftituée la
fouveraineté.

D. Qu'eft-ce que la fouveraineté ?

R. C'eft le repréfentant & le dé-
pofitaire de la force publique pour le
maintien de la juftice & des droits de
tous.

D. Et qui l'a inftituée ?

F

R. Dieu lui-même, la nature & la loi.

D. Comment cela?

R. Nous avons vu que pour que la vie naturelle de l'homme fût assurée & constamment dotée, il falloit qu'elle fût agricole ; que pour que la vie pût être agricole & profitable, il falloit qu'elle fût sociale & qu'une grande partie des richesses de la société soit toujours en réserve pour la reproduction annuelle des richesses nécessaires aux besoins des hommes. Votre propre raison demande à présent pour maintenir la vie sociale qu'elle soit aussi politique.

D. Qu'entendez-vous par ce mot, *la vie politique ?*

R. J'entends la vie des hommes en rapports équitables & consentis entre l'autorité & l'obéissance.

D. Eh bien donc! Comment Dieu a-t-il institué la souveraineté?

R. En instituant la loi & son autorité souveraine.

D. C'est-à-dire, que la loi est la souveraine de la souveraineté ou de ceux qui la représentent?

R. Qui en doute? Les tyrans même prétendent ne vouloir commander que pour donner des loix, & ces loix ne vont pas à régler le soleil.

D. J'avois cru que la force avoit institué la souveraineté?

R. La force peut bien avoir usurpé le pouvoir; mais ce n'est pas par l'usurpation qu'elle commande. La force seule, sans utilité quelconque, ne domine que dans les prisons.

D. J'avois cru possible aussi que le pouvoir souverain eût acquis sur nous une partie des droits de la paternité ?

R. Vous étiez dans le vrai. C'eſt à titre de retour pour les bienfaits que l'autorité a droit à notre reſpect & à notre attachement même gratuit: ſans elle nos pères n'euſſent rien conſervé & ne nous euſſent tranſmis ni la ſubſiſtance ni la vie. L'autorité ſouveraine eſt donc vraiment paternelle; & ſi elle ne l'étoit, elle ne ſeroit pas dans la loi. Mais la loi circonſcrit auſſi les droits du père, nous l'avons vû, votre propre père ne peut rien ſur vous par de-là la loi.

D. Et quelle eſt - elle cette loi qui borne l'autorité ſouveraine ?

R. Elle ne la borne point, elle l'établit: ſeule elle peut la maintenir, l'aſſurer en puiſſance & l'étendre; & cette loi c'eſt le *reſpect de la propriété.*

D. La souveraineté donc est proprement la force publique qui veille au maintien de la justice & à l'observation de la loi?

R. Oui, & par cela même, elle est puissance tutélaire & conservatrice des propriétés.

D. Et quelle est la base de l'autorité tutélaire?

R. Les avances.

AVANCES POLITIQUES.

D. Qu'est-ce que les avances de la souveraineté?

R. Les mêmes que celles de la prospérité de la société, que celles de la paternité, que celles de la vie, que celles de la perpétuité de la reproduc-

F 3

tion annuelle des revenus de la nation.

D. Expliquez-moi la marche & la réalité de cet aperçu ?

R. Les premières avances ont fait la vie, un acroiſſement d'avances a fait la paternité ; car le fils n'auroit pû vivre ſi le père n'eût eu quelques avances par de-là ſa propre ſubſiſtance, pour faire vivre l'enfant dans ſa débilité. De plus fortes avances ont fait la ſociété, c'eſt-à-dire le concours des hommes offrant leurs travaux en échange d'une portion des produits. L'acroiſſement ſucceſſif, progreſſif & naturel des avances, fait enfin la ſouveraineté ou du moins l'autorité tutélaire qui l'exerce.

D. Mais, ſi la ſouveraineté eſt la loi, la loi n'étant autre choſe que celle

de nos befoins & des rapports de notre travail, avec les moyens de les
fatisfaire, la fouveraineté nâquit avec
le premier homme & veilloit autour
de lui.

R. J'en conviens : auffi ai - je dit
l'autorité tutélaire; car d'ailleurs, la
fouveraineté confifte dans la loi, &
la loi toute entière dans le refpect
de la propriété. Mais la fanction de
cette loi repofe toute entière dans le
fein de la nature, jufqu'à ce que les
hommes réunis en corps politique fur-
veillant à tous les intérêts de la Communauté ayent établi entr'eux une autorité tutélaire de la loi & revêtue de
la force néceffaire pour la faire ref-
pecter. La nature venge infailliblement, il eft vrai, les infractions de
la loi, mais elle les venge par la di-

minution & l'extinction des produits ; & la vengeance alors étendue fur l'ef- pèce entière frappe l'innocent comme le coupable. Il faut donc prévenir fes arrèts , réparer fes dégradations, & réprimer le déréglement des paffions défaftreufes ou plutôt le prévenir par la vigilance. C'eft là la fonction de l'autorité tutélaire. C'eft ce qui fait dépendre de fon inftitution, de fa for- ce & de fon exercice, le falut entier de la fociété.

D. Comment donc eft-ce que la fociété fait la fouveraineté , tandis qu'elle ne peut être maintenue que par elle ?

R. La fociété ne fait point la fou- veraineté, mais elle la dote, elle la conftitue en puiffance.

D. Comment cela ?

R. Sur une portion de l'excédent ou produit net des terres, portion destinée à faire la part de la souveraineté & à la mettre en force & en puissance.

D. Comment en puissance ?

R. N'avons-nous pas dit que le riche, c'est-à-dire, celui qui avoit beaucoup d'excédent à dépenser disposoit des services d'un nombre de consommateurs proportionné à cet excédent ?

D. Oui : eh bien !

R. Eh bien ! une portion du produit net de chaque champ de l'Etat fait en totalité une grosse masse de richesses, cette part appartient à l'autorité, & par-là l'autorité dispose d'un grand nombre d'hommes pour la défense de la loi & des propriétés.

D. Fort bien : je vous vois établir

une puiſſance. Mais cette puiſſance appartiendra à des hommes, & puiſqu'il eſt fort à craindre que les autres hommes ſoyent injuſtes, qui nous répondra que ceux à qui nous donnons tant de force ne le feront pas.

R. Qui? L'inſtruction?

D. Que voulez-vous dire?

R. Ne venez-vous pas de voir clairement que l'injuſtice détruit toutes les avances. Ce que vous voyez, il faut que tout le monde le voye. C'eſt là ce que j'appelle l'inſtruction. Si elle n'eſt générale, les clairvoyans feront d'un avis, les aveugles de l'autre. C'eſt la différence des opinions qui fait entre les hommes la guerre qui détruit tout. Il faut donc que l'inſtruction ſoit générale; & alors le Souverain verra qu'il a un intérêt

particulier à la conſervation & à l'augmentation des avances qui font cellé
du produit net, ſur lequel il a ſa
part. Cet apperçu lui montrera ſon
intérêt perſonnel dans la juſtice : &
ſuppoſé qu'on lui fit illuſion ſur cela, le cri général le raméneroit ſur la
voye.

D. Mais ſi l'inſtruction générale
doit faire cet effet là, elle noûs tiendra lieu de Souverain, & l'on peut
s'en épargner la dépenſe ?

R. Oh que non ? par deux raiſons
ſimples & palpables. La première eſt
que perſonne dans la ſociété n'a,
comme le prince, un intérêt perſonnel & égal à la généralité des avances.
Si je puis ſpolier mon voiſin d'une
partie de ſes avances, pour groſſir les
miennes ou celles de mon parent ou

de mon ami, la sanction de la grande loi contre mon injuſtice, perdue dans la foule, peut bien diſparoitre à mes yeux faſcinés par l'intérèt prochain & momentané : mais le prince, qui a ſa part ſur le produit de mon voiſin comme ſur le mien, ſait que ce rapt attente à ſon intérèt même indépendamment de ce qu'il attaque l'ordre au maintien duquel le Souverain eſt prépoſé. Ainſi l'intérèt préſent aide chez lui à l'équité, tandis qu'il m'en écarte : première raiſon. La ſeconde, c'eſt que l'inſtruction elle-même, ſa généralité, ſa perpétuité, ont beſoin de la vigilance publique qui exige la ſouveraineté, dont ce ſoin eſt la principale fonction.

D. Il faut donc conſentir à doter la ſouveraineté, de manière qu'elle prédomine en force fur toute autre fortune particulière. J'en vois la néceffité: mais eft - il befoin pour cela d'une portion du produit net de toutes les terres ?

R. Sans doute, puifqu'il doit les garder toutes; fans cela il abandonnera celles auxquelles il n'aura aucun intérèt : & vous favez qu'il n'eft pas jufte que perfonne travaille fans intérêt.

D. Mais pourquoi rien que fur le produit net ?

R. Vous favez bien que tout le refte eft deftiné à des avances indifpenfables.

D. Je veux dire que nous entendons par le produit net le revenu. Or le revenu, nous l'avons vû, fait tant de circonvolutions dans la diftribution fociale, que le propriétaire apparent des terres eſt ſouvent celui qui en a le moins de revenu. Pourquoi lui prendre à lui tout ſeul la portion du Souverain ?

R. Vous ai-je dit que c'étoit à lui ? j'ai eu tort. C'eſt ſeulement à ſa terre. Les avances de toute eſpèce prélevées, voilà le reſtant. On prend la part du Souverain d'abord, mais ſeulement ſur la terre.

D. Cette réponſe ne ſeroit qu'une ſubtilité, car voici le fait. Ma terre me rend huit mille livres de rente, je dois cent mille livres, pour leſquels je paye d'intérêt cinq mille livres, il ne m'en reſte donc que trois mille. Je ſuppoſe que la part du Souverain ſoit au huitième, le Souverain prélève un huitième ſur le revenu réel de ma terre, mais réellement un tiers ſur moi, tandis que le propriétaire caché de cinq des huit portions de ma terre ne paye rien. Où est la justice à cette forme - là?

R. Vous dites toujours ma terre : mais cette terre n'est pas à vous tout seul, elle appartient aussi au Souverain qui vous en assure la possession par sa puissance, cette puissance est fondée sur cette redevance d'une portion des richesses annuellement renaissantes qui doit former le patrimoine public : & cette part ne se vend point à celui qui achète une terre, celui qui l'eut par héritage n'hérita pas de cette part due au Souverain, elle est inaliénable. L'argent que vous avez emprunté n'a servi qu'à payer la part que le vendeur avoit à la terre que vous achetez. Et cette part que vous

avez acquife n'eſt pas celle qui appartient au Souverain , & à laquelle vous
n'avez aucun droit.

D. Le Souverain y a donc une part,
parce qu'il m'aſſure la poſſeſſion de la
mienne. Et n'aſſure-t-il pas auſſi à ceux
qui n'ont pas de terre la poſſeſſion de
leurs richeſſes ? Or je ne vois pas
pourquoi c'eſt la terre qui doit fournir en total le revenu de la fouveraineté.

R. Je vais vous en faire voir la juftice, & enfuite l'utilité. Quant au
premier point rappellez-vous le marché que votre rentier a fait avec vous
quand il vous a prêté fes avances. Il
a renoncé à la propriété de fa chofe, ou pour toujours, ou à terme,
& à tout le profit qui en peut réfulter. Il ignore fi vous les employez

en avances foncières qui vous acquiè-
rent une propriété qui vous convient,
ou en avances primitives de la culture
qui vous donnent l'exiftence & vous
ouvrent la carrière de tous les profits, ou enfin en avances annuelles
qui doivent vous rendre cent pour
cent de produit net. Il renonce à tout,
& ne veut qu'une rente affurée, fixe
& exemte d'impôts. C'eft un propriétaire effectif, qui tefte en votre
faveur fous penfion, & feulement pour
jouir d'une tranquilité conditionnelle.
En réfignant les profits il a réfigné les
charges. C'eft à vous à veiller à la
fureté du tout. Vous connoiffiez les
charges fociales & celles de la propriété foncière ; vous dûtes les faire
entrer dans l'apperçu qui vous déter-
mina à contracter cet engagement vo-

lontaire ; vous dûtes les calculer , fup-
pofé que l'impôt fixe & naturel fût
établi quand vous avez contracté ; vous
dûtes les fuppofer d'après la nature
des chofes ; vous dûtes les prévoir ,
dis-je , comme la grêle qui frappe la
récolte de vos champs & ne porte
pas fur la part de votre rentier , en
cas que l'affiète de l'impôt fût encore indécife quand vous avez contracté. Mais dans tous les cas c'eft à
vous à le tenir franc & quitte des charges d'une propriété à laquelle il a renoncé.

D. Voilà pour la juftice , foit. Venons maintenant à l'utilité. Il feroit ,
je crois , difficile de me prouver qu'il
puiffe être utile ou même qu'il ne foit
pas nuifible que le propriétaire foit accablé fous le faix de fes propres det-

tes & des charges de l'Etat, de manière à avoir bien de la peine à vivre, bien loin de pouvoir améliorer fa propriété.

R. Votre propriété ne paye rien à l'Etat. Vous confondez avec votre propriété la part que vous n'avez pas acquife & qui eft inaliénable. Prétendriez-vous auffi que le champ de votre voifin eft votre propriété, parce qu'avec le produit de ce champ vous pourriez mieux améliorer votre propriété : vous ne manqueriez pas de raifons, ce me femble, pour vous emparer du bien d'autrui. Vous ai-je dit que les dettes des propriétaires fuffent un bien, furtout en tant qu'elles tiennent au dérangement ? Peutêtre penfez-vous que le befoin d'un impôt eft un mal. Mais ce mal ne tient point à l'impofition directe de l'impôt, c'eft-à-dire, à fon affiète fixe fur le produit net des terres. Il eft la fuite, fi vous le voulez, d'un défordre: mais l'impofition directe eft le remède le plus fûr. C'eft donc uniquement l'utilité de la franchife du rentier, & de fon immunité de tout impôt qu'il faut vous démontrer.

D. Sans doute, & c'eft cela uniquement qui nous importe en ceci ; car quant à ce qui eft de la juftice, que peut-elle oppofer à la néceffité ?

R. Tout fans doute : mais fuivons notre queftion : pour cela d'abord regardons de plus près à la nature du revenu de ce rentier, & nous verrons que c'eft un falaire comme tout autre : car le capital qu'il vous prête eft acquis par fon travail. Je vous

donne à vous propriétaire mon travail d'une ou de plusieurs années, &
vous me donnez tant par année ; la
somme à laquelle se monte cette solde
annuelle fut compensée lorsque nous
nous accordâmes vous & moi, fut
réglée, dis-je, par mon besoin & par le
vôtre comparés avec nos besoins res-
pectifs. Si tout à coup le fisc du tré-
sor public vient me demandèr sa part
sur mon salaire, en vertu d'un droit
fondé sur ce qu'il est le protecteur &
le gardien de la fidélité & de la liberté de notre marché, comme aussi
de ma propriété personnelle, qu'arrivera-t-il ? c'est qu'il augmentera mon
besoin sans rien diminuer sur le vôtre. Cette imposition mal entendue
n'augmentera pas la recette, & il faudra que mon salaire soit plus fort;

car il faudra que je gagne pour vivre & pour payer l'impôt: il en fera
de même de la rente du prêteur, car
il faudra qu'elle puiffe fatisfaire au
double befoin. Il faudra donc augmenter la rente de toute la portion
qui fera enlevée pour le fifc, ou l'on
ne vous prêtera pas, on cherchera à
faire un meilleur emploi de l'argent,
ou vous vous réfoudrez à dédomma-
ger le prêteur. Ainfi l'impôt que vous
vouliez établir fur la rente retombera
par ricochet fur vous.

D. J'entens & je comprens, fans
pouvoir me réfoudre à confentir, combien l'oubli de l'ordre naturel nous a
éloignés de l'état focial, naturel & prof-
pére. Pourfuivez votre démonftration.

R. Il en fera de même pour tous
les falaires chargés d'impôts; les pro-

priétaires qui payent les rentiers &
les falaires, & qui payent auffi leur
part de l'impôt, payeroient donc un
double impôt, ce qui eft impoffible
parce que le produit de leurs terres
ne pourroit pas fuffire à ces charges
& aux dépenfes de la culture, fans
enlever prefque tout le produit net.

D. Mais point: je crois que felon
l'ordre naturel des chofes, nous nous
préterons de part & d'autre aux charges, & que le fifc prendra ainfi un
peu fur l'un & un peu fur l'autre.

R. Attendez & voyez qu'il ne peut
rien prendre fur moi qui n'ai que
mes gains pour vivre, qu'il ne le pren-
ne en entier & réellement fur vous,
qui, dans le fait, devez débourfer tous
mes gains; fur vous qui êtes fixé
au revenu de votre terre. Car de deux

choses l'une : ou preſſé par la concur-
rence & par mon propre beſoin, je
n'ai demandé en vous engageant mon
travail que mon plus étroit néceſſaire, auquel cas il n'y a pas à reculer
au-delà, & c'eſt à vous à ſolder tout
ce qui ſera pris ſur mon néceſſaire,
autrement l'impôt me feroit déſerter. -
Ou bien dans l'autre cas, le beſoin
peſant plus de votre côté que du mien,
ce feroit vous qui ſubiriez la loi de
la néceſſité, & me donneriez en effet
plus que cet étroit néceſſaire. En ce
cas la néceſſité que vient nous impoſer le fiſc ſera contre vous tout de
même. Vos chevaux, vos troupeaux,
ſont à vous. Pourriez-vous payer la
taille en leur retranchant une partie
de leur ſubſiſtance ? Voyez ſi cet ex-
pédient vous réuſſira. En un mot, il
faut

faut voir dans le cercle des travaux, par lequel d'entr'eux le travail général commence ; car c'eſt inévitablement toujours à celui-là à ſolder tous les dépens tant néceſſaires que faux frais.

D. Je vois, il y auroit de l'injuſtice & du double emploi à vouloir prendre la partie du fiſc ſur les ſalaires, & il n'y auroit plus de meſure pour régler l'impôt, & ce défaut de meſures ſeroit enfin funeſte à l'impôt & aux contribuables. Je comprends cela.

R. Bon. Qu'il vous en ſouvienne pour ne plus revenir à demander l'impôt à toute induſtrie quelconque, à tous gagiſtes, penſionnaires, ouvriers, artiſans, commerçans, artiſtes, ni à ce bateau, exemple de toutes les voitures & voituriers, ni à ce moulin, exemple de toutes les machines & machiniftes, ni à cette maifon qui fait pour tous les loyers. C'eft déja beaucoup que d'avoir écarté de la contribution tous ces doubles emplois, dont la richeffe apparente, comparée avec l'état de dépouillement des propriétaires dans l'état de défordre, fafcine les yeux d'un fifc avide, & excite l'envie même des propriétaires opprimés ; c'eft beaucoup, dis-je, que d'avoir écarté tous ces preftiges fans plus de difcuffion. Il ne s'agit donc plus que de ce rentier. Mais daignéz le regarder comme un penfionnaire. Il l'eft en effet ; & s'il ne vous a pas donné fon travail perfonnel en gage, il vous a donné bien plus, car il vous a livré des fonds qui correfpondent à

mille travaux comme le sien. Son impôt
seroit donc par nature un double emploi, comme tous les autres ci-dessus :
& en outre avant de livrer désormais
ses fonds, oisifs dans ses mains, à
d'autres mains laborieuses qui les fas-
sent travailler, fructifier & multiplier,
instruit par son expérience, il prendra ses précautions pour imputer les
charges au travail, il perdra la confiance, il interceptera, autant qu'il sera
en lui, tous les rapports, en refusant
ses fonds à la demande de ceux qui
en veulent faire un bon usage.

D. Je conçois que, soit par le double emploi, soit par la difficulté d'u-
ne assiète régulière, soit par la con-
fusion que ce genre de levée jetteroit
dans la perception de l'impôt, toute
imposition sur les personnes, sur les

ſalaires & ſur les rentes, eſt diſcor-
dante & dangereuſe ; mais n'oubliez
pas, je vous prie, que c'eſt l'utilité
de l'immunité abſolue de ce rentier
que vous avez promis de me montrer.

R. Mais il me ſemble qu'en prouvant que ſa ſurcharge directe eſt nui-
ſible aux propriétaires & par conſéquent à la cultivation, c'eſt prouver
que ſon immunité ſera utile. Et les
rentiers ne pourroient-ils pas, comme
vous, acheter de la terre au lieu de
prêter à d'autres leur argent à rente
& de courir des riſques pour le capital & pour la rente. Quelle diférence
y auroit-il alors entr'eux & vous ?

D. Il eſt pourtant bien dur de voir
de riches rentiers & autres titulaires
d'argent ne rien devoir à l'impôt dé-
fenſeur d'une ſociété qui les engraiſ-

se, tandis que les contribuables succombent sous le poids.

D. Dites, *il seroit :* car malheureusement jusqu'à ce jour tout fisc désordonné a cru qu'il falloit faire la guerre à la richesse : mais elle lui échappe malgré lui. Il charge les consommations au préjudice du prix des denrées qui fait le revenu. Les riches se retranchent sur leur dépense ; & sans se priver de rien d'essentiel, ils trouvent le moyen de rejetter le fardeau sur la production. Ils n'offrent aux taxes personnelles qu'une tête, tandis que le pauvre laborieux en présente dix. En un mot la richesse échappe à l'avidité du fisc : mais nous, qui étudions l'ordre & rien de plus, considérons ce riche rentier comme un riche propriétaire qui, malgré le payement exact fait à l'impôt de son droit dû fur fes fonds, jouiroit encore d'un grand fuperflu, qui feroit déformais exemt d'impôts, & qui pourtant n'offenferoit perfonne. Revenons au point fixe. Nul homme ne produit rien à l'impôt. Mais il lui eft dû d'abord fa part fur le produit net des terres, devienne tout le refte ce qu'il voudra. Une fois pour toutes, mettez en fait que les propriétaires même les plus riches ne payent point l'impôt qui s'élève fur les terres ; il eft le revenu de la part de leurs terres qui appartient au Souverain & qu'ils n'ont jamais acquifes ni pu acquérir. Par cet arrangement leur propriété eft exemte d'impôts. Pourquoi la propriété de ceux qui n'ont pas de terre ne le fera-t-elle pas auffi ; &

pourquoi cette espèce de jalousie vous porte-t-elle à vouloir nuire à autrui?

D. C'est que je ne peux pas me mettre dans la tête que ma terre n'est pas à moi seul, qu'il y a deux propriétés, celle du Souverain & la mienne dans le produit d'un même champ. Cette distinction ne me touche point, apparemment qu'elle ne m'est pas agréable.

R. Je n'en serois pas surpris pour d'autres : mais pour vous, qui êtes instruits, qui aimez l'ordre, la justice & par conséquent la sureté des propriétés, tout cela cependant doit s'accorder dans votre tête, vous convaincre & par conséquent vous persuader, il ne s'agit plus après que d'étudier & calculer pour y trouver votre compte & les régles de l'ordre.

ſocial & de l'ordre politique les plus
avantageux aux hommes réunis.

D. Mais la propriété du Souverain
& la mienne ſont-elles bien réglées?

R. Elles ſont réglées par la nature
même, au plus grand avantage du
Souverain & au plus grand avantage
pour vous. Mais il faut de part &
d'autre étudier le code de la nature.
Vous m'avez fait un aveu ci-devant
qui m'a fait appercevoir que vous l'en-
tendiez aſſez bien, & que quand vous
l'entendrez mieux, vous verrez que
perſonne ne doit payer l'impôt.

D. Mais quelles ſont les conditions
qui fixent la quotité reſpective du revenu de ces deux propriétés?

R. Je n'entends pas bien.

D. Je demande qui eſt-ce qui dit,
ſur le produit d'un tel champ, il y

aura tant pour le propriétaire, tant pour le Souverain.

R. Ce doit être la loi de l'Etat, la loi générale & nationale qui attribue tant au Souverain fur le produit de chaque champ.

D. Mais enfin qui eft-ce qui fera le compte?

R. Ce compte dépend de celui des avances & reprifes indifpenfables qu'il faut calculer avant de fixer le produit net, & quant à ce calcul fi important il dépend du prix naturel ou de l'échange libre des productions de la terre. Ainfi c'eft encore dans le code de la nature où les hommes doivent puifer à cet égard les régles de leur conduite. C'eft la nature qui les alimente & qui prefcrit la diftribution de fes dons avec tous les rap ports néceffaires pour en affurer la reproduction perpétuelle. Ces rapports font tous effentiels & leur enchainement merveilleux eft entiérement d'inftitution naturelle , où tout eft réglé par compte & par mefure pour la part de chaque individu , fans qu'il foit permis aux hommes d'en changer l'ordre fous peine de tomber dans la mifère la plus cruelle par la privation des fubftances alimentaires & par le dépériffement de la reproduction.

D. J'entends & je fais que la valeur vénale des denrées fait la quotité du revenu en général : mais c'eft la quotité refpective & la proportion fixe entre le revenu du Souverain & celui du propriétaire que je vous demande.

R. A cet égard c'eft en ceci feulement que les hommes peuvent ſtatuer pour fixer la part de l'impôt par une loi nationale fixe & qu'on ne puiſſe changer, de manière qu'il revienne un grand intérêt au propriétaire de conſerver & bonifier ſon champ, & au Souverain, d'obſerver toutes les conditions qui aſſurent & améliorent les propriétés.

DROITS ET DEVOIRS,
POLITIQUES.

D. Voila donc la ſouveraineté fondée, la voila dotée. Voyons maintenant quels ſont les droits & les devoirs reſpectifs entre l'obéiſſance & l'autorité.

R. Le droit de l'autorité eſt de

pouvoir tout pour le maintien de l'ordre & de la juſtice , & ſon devoir eſt de ſe conſacrer toute entière à la conſervation & à l'extenſion de ſon droit.

D. Et quel eſt cet ordre dans lequel conſiſte la juſtice ?

R. Nous l'avons dit ſouvent, dans le reſpect abſolu de la propriété.

D. Et quelle peut être l'extenſion d'un tel droit ? l'exacte obſervation de la juſtice n'a rien par de-là.

R. Fiez-vous-en à la nature. Nous avons reconnu que tout étoit fondé ſur la loi phyſique, même les vertus. Nous avons reconnu pareillement que la fertilité de la terre , où git la proſpérité phyſique, n'avoit point de bornes. Pourquoi & comment voulez-vous en trouver au pouvoir protecteur & confervateur des dons de la nature ? Non, chacun a le devoir d'étendre fes intérêts. L'intérêt du Souverain eft l'ordre & la juftice, d'où réfulte l'extenfion de fon droit phyfique. Il doit y tendre tout comme les autres, & c'eft ce qu'exige fon devoir.

D. Et fur qui s'exerce fon droit ?

R. Je n'entens pas.

D. Quels font les hommes foumis à fon autorité ?

R. Tous les délinquans ou accufés & plaignans quelconques fur le territoire de la fociété, qui le reconnoit pour fon Souverain.

D. Quoi! Eft-ce que tous fes fujets ne font pas également foumis à fon autorité ?

R. Sans doute, telle que je viens de la dire.

D. Mais ici, il me femble que vous ne me faites reconnoître un Souverain, que dans le cas de plainte active ou paffive?

R. Il eft vrai : mais de quelle autorité donc voulez-vous parler? Je reconnois le Souverain dans tous les tems : je lui voue refpect & attachement. Mais, quant à l'obéiffance, je la lui rends toute en m'aquittant de mes devoirs, veillant à mes droits & refpectant ceux des autres.

D. Quoi! vous attendrez pour lui porter un hommage direct d'être cité à fon tribunal ou d'y avoir recours?

R. Oui, quant à mes démarches extérieures indépendamment des fentimens d'attachement & de refpect. Mais examinons enfemble fi ce n'eft rien que le devoir de l'obéiffance tel

que je le confidère dans un fujet. Je
vis tranquille & à mes affaires, il ne
tient qu'à un fujet inquiet d'élever
contre moi la prétention la plus folle;
à la voix de l'ordonnateur ou de fes
prépofés par lefquels il doit veiller à
tout, je fuis obligé de tout quitter,
d'obéir, de vaquer à la défenfe de
mon droit, & de fubir fon jugement
& même fes méprifes : ou bien un fol
me fait un affront fanglant, & qui
révolte tous les témoins : d'un fouffle
je pourois venger mon injure & réparer mon droit, mais la qualité de
fujet me lie les mains, & je ne puis
que recourir à un vengeur & à un
juge. Le devoir focial, le refpect de
l'ordre, le droit du Souverain me
font une loi de cette obéiffance exacte
& pénible; mais au de-là des bornes

de la fupériorite fouveraine, je ne reconnois rien entre Dieu & mon devoir, & mon devoir eft uniquement
l'extenfion de mes droits ; rien de plus,
à moins que par quelque engagement
perfonnel je n'aye contracté le devoir d'un fervice plus particulier, foit
envers le public, foit envers la perfonne du Souverain.

D. Et les cas de dévouement?

R. Je les ai énoncés généralement.
Un fils doit toujours être dévoué à fon
père, un fujet à fon Souverain qui
eft le père univerfel. Les cas dont
vous parlez font le par de-là du devoir ftricte; c'eft la *vertu*. Mais dans
le devoir, ce que j'ai dit eft à quoi
fe borne celui de l'obéiffante envers
l'autorité.

D. Et l'autorité de fa part?

R. J'en dois attendre protection & sauvegarde dans tous les cas, & pour tous mes droits renfermés dans ma propriété.

D. Et les secours personnels?

R. C'est encore ici le par de-là du devoir stricte, en observant toujours qu'il ne sauroit y avoir d'excédent pour la vertu, que le devoir ne soit exactement rempli. Le devoir est d'obligation stricte pour tous; & s'il est un excédent, le particulier, à cet égard, a plus de carrière à proportion que le Souverain, attendu que le premier paroit disposer de son bien propre, au lieu que le Souverain dispose du revenu de la souveraineté dont l'emploi fixe est destiné à l'avantage de la société qu'il gouverne.

D. C'est donc là le sommaire des

droits & des devoirs refpectifs des Souverains & des fujets ?

R. Oui. Le fujet doit au Souverain refpect & fubordination fociale, attributions foncieres & légales, & foumiffion à fa jurifdiction. Le Souverain doit au territoire fauvegarde, protection, défenfe, entretien & amélioration des débouchés qui facilitent la communication fociale ; qui ouvrent la voye au commerce porteur de la valeur vénale, qui feule invite la production, & donne aux cultivateurs les moyens de la folliciter. Il doit à tous ceux qui habitent, travaillent & confomment fur ce territoire, l'inftruction aux fraix du public pour ceux qui ne peuvent la recevoir de leurs parens, la protection & la défenfe de leurs droits quelconques, c'eſt-à-dire, de leur propriété.

D. Mais qu'eſt-ce qui conſtitue le ſujet?

R. Le ſujet eſt proprement tout homme qui vit ſur le territoire de la domination du Souverain, & qui ſe trouve alors aſſujetti à la juriſdiction ſouveraine du pays, & par cela même confié à ſa protection. Le régnicole eſt vraiment celui qui poſſède des propriétés non amovibles ſur le territoire, & qui eſt plus étroitement aſſujetti à la réſidence.

D. Quoi donc? un étranger ne peut-il pas poſſéder des fonds & même de grandes propriétés dans un pays, ſans être pour cela régnicole?

R. Qu'entendez-vous d'abord par ce mot un *étranger*?

D. Un homme qui fait profession de reconnoitre un autre Prince quant à sa personne & à son habitation, d'être membre d'une autre nation.

R. La définition est juste; car, à cela près, nul homme n'est étranger à un autre homme, puisque l'intérêt de l'un est inséparable de l'intérêt de l'autre, comme nous l'avons vu. Mais l'homme dont vous me parlez est régnicole dans l'un & l'autre territoire, puisque, selon les lieux, il portera ses affaires aux deux différens tribunaux également, & sa contribution aux deux différens trésors. A l'égard de sa personne, c'est selon les lieux qu'il habite, qu'il reconnoit l'une ou l'autre jurisdiction.

D. Quoi donc? Est-ce qu'on peut se vouer à deux maîtres?

R. Oubliez donc ce mot de *maître*
qui ne convient qu'à ceux qui ont
engagé leur service personnel. L'homme naturel, l'homme agricole, l'homme social, l'homme politique enfin,
un citoyen n'a point de maître que
la loi par le besoin, & Dieu par la
nature.

D. Quoi donc ? Est-ce qu'il n'y a
pas dans la société des devoirs plus
stricts pour un sujet que pour d'autres ?

R. Nous avons vu que les droits
étoient la mesure des devoirs, par
conséquent celui à qui la société assure
plus de droits lui doit aussi plus de
devoirs.

D. Je m'explique mal : je veux dire
si l'un dans le droit n'est pas plus sujet que l'autre ?

R. Le droit des bienfaits est, pour

la société, comme pour les particu-
liers, un fond d'avances qui oblige à la
reftitution celui qui les a reçues. Celui qui reçut le jour, l'éducation, &
furtout l'inftruction dans une fociété
& par les foins d'une fociété lui doit
plus fans doute que celui qui vint
tout formé y apporter fon travail, en
échange de fa fubfiftance. De là vient
l'anathème général contre un transfu-
ge, à moins que la lézion abfolue &
criante de fon droit ne l'ait, en quelque forte, difpenfé de fon devoir,
par l'impoffibilité même de le rendre.
Cet anathème groffit en raifon de ce
que ce délinquant reçut plus de la
fociété qu'il abandonne, comme auffi
il diminue en raifon de ce qu'il doit
moins à la patrie qui le reçut & l'en-
tretint en quelque forte comme un

enfant du hazard. Tout devoir enfin prend sa source dans le physique & en reçoit son aliment. Trois jours de refus de subsistance trancheroient par la mort inévitable tout cercle de droits & de devoirs.

PROPRIETÉ POLITIQUE.

D. MAintenant dites-moi qui est-ce qui établit les bornes territoriales d'une société ?

R. C'est le ressort de la jurisdiction de la souveraineté.

D. J'entens bien que le ressort de la jurisdiction finit à la frontière de l'état. Mais qu'est-ce qui l'a marquée cette frontière ?

R. Vous le voyez : ce sont les pactes & les traités entre les Souverains qui font cenfés traiter au nom de la fociété, dont les intérèts leur font confiés.

D. Mais n'y a-t-il pas dans l'ordre une borne phyfique & naturelle des états ?

R. Sans doute : mais prenons garde de rien embrouiller ; car toute notre étude ne confifte qu'à tout démêler. Toute la terre habitable eft fufceptible de cultivation. Tous les champs poffibles n'ont qu'une feule & même deftination, qui eft d'être une fource de productions & un centre de diftribution. Toutes ces productions n'ont qu'un intérèt commun qui eft l'échange libre & facilité par-tout par le gouvernement.

D. Je vous arrète là, s'il vous plait.

L'intérèt

L'intérèt de la production, c'est la valeur vénale des produits, nous l'a-
vons vu, & voila ce qui rend l'échange ou le commerce si nécessaire. Or,
par le principe que nous avons vu,
que la concurence des vendeurs fai-
soit baisser les prix, plus il y aura de
denrées, moins elles auront de valeur ; & par conséquent l'intérèt d'un
champ est contraire à l'intérèt d'un
autre.

R. Nous voila revenus par parcel-
les à votre première idée qui fut de
voir tous les besoins des hommes en
opposition au lieu de les voir en concours. La même solution vous en
débaraffera sans doute. Je vous dis
alors que la nature inépuifable s'obli-
geoit à pourvoir à tous les besoins,
pourvu que tous les travaux fussent

H

dirigés felon l'ordre naturel qui les porte à la fatisfaction des befoins. Maintenant vous craignez le contraire, relativement aux hommes. Vous craignez qu'il n'y ait plus de produits que de coïffommateurs, & par conféquent qu'il y ait rivalité & oppofition d'intérêt entre les diverfes fources de produits. Cet inconvénient peut être une fuite de l'état de défordre; mais, felon l'ordre, il y a pourvu.

D. Et comment cela, je vous prie?

R. Il ne peut y avoir de produits qu'en proportion des travaux & des avances; ces travaux & ces avances font l'effet de l'échange & de la valeur vénale des produits. Ainfi, felon l'ordre, il ne peut naître des produits qu'il n'y ait des hommes tous prêts à y mettre l'enchère; & où fi-

nira la maffe des confommateurs, là
finira la fertilité, celle du moins qui
n'eft pas production fpontanée de la
terre: & y eût-il un monde de terres nouvelles & naturellement fertiles,
elles n'entreront nullement en concurence avec celles qui, par nos avances & nos travaux, rapportent des récoltes. Mais comme notre intérêt premier fut l'aide réciproque & primitive
des premiers travaux offerts à la production, aide qui pourtant augmenta
dès lors la maffe primitive des produits qui pouróient comme vous aujourd'hui craindre la concurence; que
notre intérêt fecond fut l'accroiffement de ce concours & par lui le dé-
frichement de nouvelles terres, &
toujours ainfi graduellement, je ne
vois pas où vous prendriez aujour-

d'hui le point de fciffion de cet inté-rèt progreffif & toujours le même. Croyez donc que plus il y aura de champs défrichés & mis en rapport par nos avances, plus il y aura d'hommes pour en enchérir les produits, parce qu'ils auront tous les mêmes befoins de confommer, & les mêmes facultés pour le travail à offrir pour leur fubfiftance.

D. Ajoutez donc à votre induction, dont je vois la réalité, ce mot qui ne fauroit être trop répété, *felon l'ordre*. Car l'état de défordre change toutes les données.

R. Nous n'avons pas entrepris de le fuivre dans fes difformités; felon l'ordre donc, il faut en revenir au point d'où nous fommes partis, & dire par continuation que tous les champs ont un intérèt commun qui est *l'échange*. Des vues bornées ont donné à cet égard dans toutes fortes d'extravagances; on a défendu les défrichemens dans la crainte de faire tomber le prix des productions des terres cultivées, fans penfer que les productions appellent les confommateurs en leur offrant des falaires pour le travail; d'autres ont favorifé la multiplication des hommes avant la multiplication des productions, & la population, réduite à l'indigence & à la mendicité, devenoit à charge; alors la grande population a paru nuifible. Ainfi en parcourant un cercle d'erreurs, on paffoit & repaffoit fucceffivement par les mèmes erreurs par des réformes funeftes, & les aveugles réformateurs croyoient toujours coriger la nature, qui les abandonnoit dans leurs égaremens.

D. J'entens : mais plus le premier apperçu des chofes eft fujet à nous faire illufion, plus cela nous apprend la néceffité de les bien éclaircir.

R. Continuons donc. Vous avez vu comment les riches font devenus riches par l'accroiffement d'un revenu difponible, & vous favez que ce revenu n'étoit en première origine que l'excédent du produit des terres. La dépenfe de ce revenu néanmoins eft ce qui foudoye tous les genres d'induftrie ; & l'induftrie eft ce qui met l'enchère à une multitude de produits qui, n'ayant aucun trait apparent avec nos premiers befoins, refteroient fans valeur s'ils n'étoient pris & payés par la dépenfe des riches qui cherchent leurs commodités , & à satisfaire leurs fantaisies. La richesse contribue donc à étendre la richesse par le moyen de ce même concours, qui est le grand nœud par lequel la nature voulut raprocher & éteindre l'humanité entière. Le produit du champ voisin & son plus grand produit, qui doit faire un riche & sa dépense, est donc l'intérêt de votre champ, dont sa dépense évaluera les produits; & ainsi de près à près tous les champs de la terre se tiennent & se réunissent en cette unité d'intérêts.

D. Revenons maintenant à nos circonscriptions territoriales.

R. Ces circonscriptions semblent dans le désordre être des séparations. Vous voyez que la nature n'en fait point: c'est le désordre qui en nécessasite l'apparence & qui en fait, selon les cas, la réalité.

D. Comment cela ?

R. Il est dans l'ordre, & nous l'avons vu, qu'une autorité tutélaire des propriétés veille dans le sein de chaque société au maintien de l'ordre & à réprimer l'injustice. Comme c'est à cette autorité que les hommes doivent avoir recours dans toutes les occasions de débats & de réclamation, il est juste qu'elle soit à leur portée ; car le tems perdu pour aller demander justice est une perte pour l'individu & pour la société , une barrière à son droit, un dérangement pour ses devoirs. L'autorité donc ne doit régner que sur les lieux où elle peut atteindre, & dans les distances où elle peut veiller sur ceux qu'elle employe dans

les fonctions de l'adminiftration, &
pour l'exécution de fes ordres.

D. En ce cas, fa jurifdiction de-
vroit être bornée à chaque ville & à
chaque champ; car tout rapprochement eft un avantage.

R. Et qui la nourriroit, s'il vous
plait? Qui la mettroit en force? Eft-
ce le pavé de ces villes qui ne font
elles-mêmes qu'un rendez-vous du mo-
bilier & des dépenfes des riches, fondées fur le produit net de champs fort
éloignés? Qui produira de quoi doter l'autorité de manière à prédominer
fur tout cela?

D. Non, je conçois qu'il faut au
Souverain une étendue de jurifdiction fuffifante pour lui donner un
revenu fuffifant. Mais comment ten-
dra-t-il les mains de l'autorité à tant

d'occafions de réclamations difperfées.

R. Par fes prépofés fans doute?

D. Oh! dès qu'il ne s'agit plus que de prépofés, de l'un à l'autre nous irons de la forte au bout du monde.

R. Point : les lieux fe relâchent en raifon de leur diftance. Il n'eft force au monde qui puiffe empêcher une corde de plier, & de perdre la ligne droite en s'étendant.

D. Où feront donc les bornes d'une fociété bien compofée felon l'ordre?

R. Le phyfique felon l'ordre décide beaucoup de ces fortes de divifions. Un bras de mer, une chaîne de hautes montagnes, un fleuve confidérable, mettront fouvent plus d'empêchement aux rapports naturels entre deux peuples voifins, que la plus vafte étendue de plaines.

D. Mais, s'il vous plait, par tout où la jurifdiction s'étend, la contribution doit auffi s'étendre. Cela pofé, les princes n'auront jamais affez de territoire. Quel remède à cela?

R. L'inftruction.

D. Et comment l'inftruction?

R. En démontrant aux princes comme à tous les hommes qu'il eft impoffible d'étendre fes droits fans étendre fes devoirs.

D. Fort bien : mais comme non-obftant cette irréfragable loi les hommes voudront toujours étendre leurs droits, à la charge d'embraffer plus de devoirs, & que la nature le veut ainfi, le fouverain voudra toujours dominer au plus loin poffible, afin d'être plus riche & plus puiffant, à

H 6.

la charge d'avoir auffi des devoirs plus étendus.

R. Je le veux bien, pourvu qu'il réfulte de ce deffein ce qu'il peut réfulter du défir d'extenfion de nos droits dans un efprit éclairé par une bonne inftruction. Mais vous parlez du défir d'un fouverain d'étendre fa domination, comme fi la domination des autres fouverains qui l'avoifinent ne s'y oppofoient pas, & comme fi la domination n'étoit pas pour chaque fouverain un droit de propriété qu'il a à défendre contre les attaques d'un autre fouverain. Tout fe réduira donc de part & d'autre à des attaques & à des défenfes également redoutables à l'un & à l'autre; & jamais on ne fait qui gagnera ou perdra à la guerre. Les guerres par lefquelles on efpère conquérir font dans le fond un frein contre l'ambition : aussi font-elles plus souvent suggérées par une mauvaise politique que par des prétentions ambitieuses. La mauvaise politique est le fruit de l'ignorance. Aussi l'ignorance est-elle l'ennemi le plus dissentieux & le plus nuisible aux hommes. Donc plus il y a de guerres, plus il y a d'ignorances & de mauvaises manœuvres dans la politique.

D. Et quel est ce résultat que l'instruction doit offrir aux souverains ?

R. C'est de choisir les moyens les plus faciles, les moins dispendieux & les moins dangereux pour se contenir réciproquement dans les bornes de leurs dominations.

D. Où est-ce que cela nous ménera ?

R. A laisser le monde en repos, &

à faire de son mieux sa tâche circonscrite.

D. Comment cela ?

R. Le voici. Il n'est point de maison rustique où le propriétaire ne voye que les champs voisins de sa maison valent mieux , & rapportent à frais égaux d'avantage que ceux qui sont éloignés. Du petit au grand, il n'est point de souverain qui ne puisse appercevoir que les champs autour de sa résidence payent plus aisément la contribution & lui rapportent d'avantage; & qu'en même tems il lui est plus aisé & moins couteux d'entretenir l'ordre par proportion qu'au loin. Cet avantage diminue à mesure que les distances s'augmentent , & elles peuvent devenir telles que les frais de la conservation lui coutent plus que

le pays ne lui rapporte, fans compter les foins, les inquiétudes, & la
ruine enfin, dont l'éloignement lui
cache les progrès, mais qui aboutit
pourtant ou au défert ou à la révolution. Le mieux qui lui puiffe arriver en ce cas feroit d'avoir de fi bons
prépofés, qu'en dépenfant pour le
pays tout ce qu'il en retire il pût le
conferver en bon état, & n'en réfer-
ver que la domination, l'amour, le
refpect & la confiance.

D. Oh! cela je le crois, d'autant
qu'au fonds c'eft au bout de l'an &
au terme des dépenfes fouveraines,
tout ce qui lui doit refter des pays
mêmes qui font le plus fous fa main.

R. Cela pofé, que lui importe donc
que cette province trop éloignée re-

connoiffe une autre jurifdiction plus à portée de fes befoins.

D. Que lui importe? Elle lui devient étrangère, bientôt rivale & peut-être ennemie.

R. Quoi! vous revenez toujours à votre rivalité? La rivalité eft néceffaire, naturelle, & bonne par conféquent, tant qu'elle fe tiendra dans les bornes du refpect des droits d'autrui & des fiens propres par contre-coup. Nous avons vu que les terres ne pouvoient être étrangères les unes aux autres, ni leurs produits, ni par conféquent tous les travaux & tous les genres d'induftrie; qui partent tous de là, & tendent tous à l'amélioration du champ univerfel productif. Il n'y a donc que les jurifdictions qui puiffent être étrangères les unes aux autres. Oh! si elles le font, je ne serois point surpris qu'elles fussent bientôt ennemies; car ce premier pas même, je veux dire, ce mur de séparation, démontre qu'elles font dans le désordre, attendu que selon l'ordre elles n'ont d'autre intérêt que de maintenir chez elles l'ordre qui va également au bien de tous, tant au dedans qu'au dehors, & qui ne fait qu'un seul & même intérêt pour toutes les puissances comme pour tous les hommes.

D. Oui, mais en attendant qu'elles voyent cela, elles me tiennent en méfiance, & je ne puis regarder leur territoire comme le mien, ni leurs forces comme les miennes.

R. Qui vous prie de cela? Il suffit seulement que vous sachiez que leur intérêt réel est le même que le vôtre; & quant à la portion de l'intérêt général qui est sous votre main, plus elle sera compacte & serrée, plus elle sera aisée à défendre, & se défendra par elle-même. Ainsi vos moyens de défense sont chez vous, & exigent que vous n'embrassiez pas plus que vous ne pouvez atteindre, & que vous soyez puissant en profondeur & non en superficie, qui n'est qu'apparence de richesse & misère en réalité. Cherchez votre puissance sur vous même : & cette recherche, vos sujets la font sans relâche pour vous, pourvu qu'ils soient libres dans l'exercice de leurs droits. Votre sagesse instruira vos voisins, par l'exemple de votre conduite & de votre prospérité. Leurs Souverains ne seront que vos prépofés à qui vous abandonnez toute la contribution du canton fur lequel ils veillent, pour qu'ils y faffent votre charge : ils vous feront au fond moins d'ombrage que des lieutenans trop éloignés & trop émancipés par les diftances, & il vous reviendra tout de même de l'étranger comme de votre fujet, l'amour, le refpect, & la confiance, qui font la véritable domination. Voila ce que l'inftruction apprendra aux Souverains & ce qu'elle leur montrera par le calcul, & ce qui contiendra l'ambition & la cupidité des princes qui n'eft qu'un réfultat de l'ignorance chez eux comme dans tous les hommes, qui tous, du défir d'avoir l'arpent de terre du voifin, ariveroient à celui de la monarchie univerfelle fi la fortune fecondoit leur extravagante cupidité.

D. Voila donc notre territoire borné & circonfcrit. Et le Souverain ne poffède-t-il rien en propre dans ce territoire?

R. Non pas dans le fens que vous l'entendez comme Souverain. Il peut d'ailleurs être propriétaire particulier comme un autre. Mais ces deux qualités n'ont rien de commun.

D. Et que fait-il donc de ce grand revenu que vous appellez le patrimoine public?

R. Il l'employe aux dépenfes publiques pour la jouiffance & pour la fûreté de tous les individus de la fociété, & pour le maintien de la conftitution totale du corps de la fociété. La propriété particulière de chacun ne fuffit pas pour fatisfaire aux befoins de chacun féparément. Il y a des befoins communs à tous. Ainfi il faut un patrimoine commun dont le revenu toujours renaiffant foit employé pour les befoins communs. Telles font les dépenfes du gouvernement, celles des guerres ou des forces de l'état, celles des travaux publics, celles du Souverain. Voila la deftination du revenu public. 1°. L'inftruction ne fauroit être trop étendue & trop complette. Or les hommes qui vaquent à ce foin qui demande tout leur travail, il faut les payer & les furveiller. 2°. La fûreté du pays & des propriétés qui comprend la police, la juftice, la défenfe & tout ce qui en impofe au dedans & au dehors, tout cela employe bien des hommes, demande

beaucoup de falaires & de bons falaires; car tout ce qui fert le public
doit être mis fort à l'abri des craintes
de la néceffité. 3°. Les travaux publics qui renferment l'entretien & l'a-
mélioration, qui ne peuvent jamais
être trop forts., & dont les dépenfes
peuvent être immenfes.

D. Qu'entendez - vous ici par les
travaux publics?

R. Il eft des propriétés publiques
qui n'appartiennent à perfonne, &
qui font à l'ufage de tous. Les rues,
les places, les ponts, les quais, les
chemins, les canaux furtout, les ports
& les rivières: l'entretien & l'amélioration de toutes ces chofes eft, après
l'inftruction, la principale fonction
de l'autorité fouveraine; & les dépenfes qu'elles exigent font, felon l'or-

dre, à la charge du tréfor public.

D. Pourquoi dites vous que ces dé-penfes ne fauróient jamais être trop fortes ?

R. Je devois ajouter *felon l'ordre*: mais ce mot doit toujours être fous-entendu dans nos allégations. Or, en ce fens, c'eft une importante vérité. Toutes ces chofes font & facilitent les communications entre les hommes ; & tout ce qui facilite les communica-tions accroit la valeur vénale des pro-duits & la production au profit de tous. Ainfi plus on fait de ces dé-penfes (qu'on peut appeller les avan-ces foncières du territoire, comme on appella avances fonciéres de votre propriété les dépenfes que vous fites d'abord pour rendre votre fond pro-pre à la cultivation), plus auffi l'on excite, étend & assure la fertilité & la prospérité générale qui en résulte?

D. Pourquoi donc jugez-vous à propos d'ajouter à cette énonciation la formule *selon l'ordre?*

R. Cela se sent. On pouroit en ce genre, comme en tout autre, faire des dépenses qui excéderoient le revenu public, & ce dérangement renverseroit l'ordre économique des besoins: on pouroit s'attacher, par exemple, à faire un beau portique, & en un mot préférer la magnificence à l'utilité. Or si j'ai dit qu'on ne pouvoit jamais trop dépenser en ce genre, c'est que selon l'ordre toute dépense foncière accroit le revenu. Il faut donc dépenser, autant qu'il est possible, pour accroitre son revenu, parce que l'accroissement du revenu payera la

dépense

dépense & la perpétuera. Mais dans l'ordre contraire, il n'est point de dépense sage, & l'on peut être dissipateur & désordonné dans tous les sens.

D. Et que doivent les sujets en retour & à l'appui de cette dépense?

R. Rien que la cession de la propriété foncière du patrimoine public, réglé sur l'état du revenu général du territoire. Car comme, selon la règle, le revenu public doit suivre une proportion fixe avec le revenu de toute la nation, l'éfet de ces dépenses est de grossir la portion qui fournit aux dépenses publiques.

D. Ainsi donc la vie politique, ses droits & ses devoirs tournent au profit de la vie sociale. Celle-ci & ses droits & ses devoirs tournent au profit de la vie agricole, & cette dernière au profit de la vie naturelle de l'homme.

R. C'est cela même: point de vie naturelle qui soit assurée qu'elle n'ait pour base la vie agricole: point de vie agricole qui puisse prendre une existence sans la vie sociale: point de vie sociale qui puisse se maintenir sans les liens qui composent la vie politique. C'est cet ensemble naturel & préordonné qui compose en un bloc *la vie de l'homme.* C'est par lui que l'homme est tout à l'homme, que tout intérêt individuel trouve sa place nécessaire dans le bloc général des intérêts humains, qui ne compose qu'un seul & même intérêt, *la fertilité de*

la terre. C'est par cet aspect qu'on
se démontre la haute équité, l'heu-
reuse nécessité & la constante utilité
d'accomplir sur la terre le grand pré-
cepte d'aimer Dieu, c'est-à-dire, son
ordre, par dessus toutes choses; &
son prochain, c'est-à-dire, l'intérêt
de son prochain comme soi-même ou
son propre intérêt. Et tout cela porte
sur des avances & s'étend par le produit net.

RÉSULTAT GÉNÉRAL.

L'Ordre est la loi de Dieu, qui
prescrit au genre humain toutes les
conditions par lesquelles il peut ob-
tenir de la terre les productions né-

ceſſaires pour ſubſiſter. Cette loi parle à l'homme par ſes beſoins, qui commandent impérieuſement, & il n'y a entre l'homme & cette loi que Dieu même l'auteur de l'homme & de la loi.

AVIS DES ÉDITEURS.

Comme nous étions en cet endroit de l'impreſſion de cet ouvrage, on nous a encore envoyé la pièce ſuivante; nous avons crû rendre un ſervice important au public en la joignant ici telle que nous l'avons reçue.

DIALOGUE

ENTRE

Mᵐᵉ. DE P. ET L. D. H.

SUR

L'INSTRUCTION POPULAIRE.

MONS. de *P.* J'ai lû votre instruction populaire, & je suis, parfaitement & supérieurement content du projet & de l'exécution. Je donne ma voix à vos principes; non que j'aye étudié ce que vous appellez la science économique; je n'en avois jamais tant lû de suite; mais toutes les fois que j'en ai vu des expositions de détail dans vos écrits, ou que nos converstations

I 3

fe font rapprochées de ces matieres,
je me fuis trouvé d'accord avec vous.
Aujourd'hui je le fuis encore d'avantage, & mon confentement raifonné
vient à l'appui de mon confentement
d'opinion. J'ai peut-être été arrêté
en trois ou quatre endroits où j'aurois voulu d'abord des expreffions plus
développées & moins fufceptibles au
premier afpect de prêter à un fens ef-
frayant pour les foibles; mais à l'examen
j'ai compris que mon embarras à cet
égard provenoit de mon peu d'habitude, & je fuis demeuré content.

L. D. H. Et moi je ne le faurois
être que vous ne vous foyez mieux
ou plus expliqué. Nous avons eu des
expreffions qui, dans les premiers
tems, ont effrayé quelques gens qui
vouloient l'être, comme auffi les lec-

teurs d'habitude & superficiels (&
ceux-là sont le plus grand nombre).
Sitôt qu'un mot leur paroît s'écarter
d'une expression qui leur est familiere,
ils suivent le son, laissent le sens, &
l'on ne les tient plus. Il faut sans doute
compatir à cette disposition de la pa-
resse de l'esprit autant qu'il est possible; mais la nomenclature de notre
science a été raisonnée & méditée trop
profondement par la tête la plus forte, la plus réfléchie & la plus exacte
de notre siecle, pour pouvoir se prêter beaucoup à ces petites & vaines
délicatesses. Son premier instituteur
observa de ne point faire de mots;
mais professant & exposant une science absolument nouvelle, il étoit impos-
sible que ses expressions ne le fussent
pas, si ce n'est par les sons, du moins

par les idées. Plusieurs donc ont cho-
qué d'abord, le plus grand nombre a
passé en usage, chez ceux même qui
ne nous entendent pas; quelques uns
effrayent encore, on s'y accoutumera
en saisissant l'ensemble, & jusques-là
peu importe d'être en bute aux juge-
mens téméraires de qui n'a pas encore la clé du bon sens: mais ce qui me
vient de vous est toute autre chose,
autant votre génie m'en impose, autant votre droiture me fait une douce
& puissante loi. Dites donc ce qui
vous arrête, & croyez qu'il ne tiendra
pas à moi de vous satisfaire ou de me
réformer.

P. J'obéis avec la confiance que
je vous dois, a rès vous avoir répété
que ce sont peut-être & sans doute de
très foibles objections que je vais vous

faire: mais c'est mon premier sentiment dont je vous rends compte avec une simplicité qui seroit un sujet de risée pour les gens moqueurs, mais qui dans tous les sens n'a pas besoin d'excuse vis-à-vis d'une ame comme la vôtre. Je commence donc par vous dire que la manière dont vous avez énoncé le principe du devoir filial en plusieurs endroits m'a paru un peu séche. *Le pere a fait les avances de la vie & de la subsistance, voila le principe du devoir filial.* Ailleurs vous développez la sanction de la loi naturelle qui proscrit le fils refractaire, comme le premier des ingrats, & par la raison de l'intérêt de tous ses conforts.

L. Et bien?

P. Et bien ne vous paroit-il pas manquer quelque chose à cette énonciation ? la trouvez-vous assez onctueuse pour une ame sensible & assez religieuse enfin, s'il faut trancher le mot ?

L. Prenez garde, je vous prie, que nous faisons profession de reprendre pour ainsi dire la morale en sous-œuvre, nous regardons l'intérêt personnel comme le point commun à tous les individus qui composent l'humanité, & nous en faisons le point central de la société.

P. Permettez qu'ici d'abord je vous arrête ; pensez-vous que ce soit anoblir l'homme que de négliger en lui la faculté vraiment distinctive de son espèce, ce sentiment qui le porte à l'élévation de l'ame, à l'attrait pour le bien moral par la seule considération de son excellence.

L. Non sans doute ; mais nous pen-

sons que pour le faire jouir de ses af-
fections nobles, il faut d'abord lui sou-
mettre ses besoins naturels, tous fort
impérieux s'ils ne sont satisfaits, & qui
tendent à l'atterrer s'il ne les appaise;
qu'il ne sauroit satisfaire ses besoins
qu'au moyen du succès de ses travaux; qu'il ne peut réussir dans ses
travaux qu'à l'aide de ses semblables;
que cette aide réciproque est ce qui
commence la société; que l'extension
de la société, toujours sur la même
base, donne les commodités à plusieurs
& sur-tout celle du loisir, & que ce
n'est qu'au sein du loisir phisique que
peut naître, croître & s'élever en hauts
& salutaires branchages la douce, haute & constante moralité.

P. Poursuivez, je vois que je vous
ai arrêté mal à propos.

L. Au sein de la société qui prospère selon qu'elle est plus ou moins bien
ou mal ordonnée, le sort appelle plus
ou moins d'individus à l'abondance ou
ce qu'on nomme l'abondance ; la providence éleve plus ou moins aussi de
ces ames privilégiées capables de ce
noble essor que les moralistes invo-
quent & veulent diriger, & que vous
nous reprochez de négliger ; mais de
même que la société seroit bientôt pauvre & nulle, si l'on n'y mettoit en action que les riches, & en apprentissa-
ge que ce qui compose la plus complette éducation des gens de cette classe,
ainsi manquera-t-on toujours (je le
crains bien du moins) l'objet de timo-
rer la généralité des mœurs sociales
par les seules leçons de la morale,
qui dans le courant de la vie ne sont

pour le pauvre accablé fous le faix des travaux journaliers, que routine, pour l'industrieux éveillé par l'appas du gain, irrité par l'aspect des fortunes subites, que du fon, qui ne bonifie rien, pour le riche enchaîné par l'orgueil à la fuite des bienféances de tous les genres de cupidité venteufe, que de la graine pour les fots. L'enfant pour des joujoux fe détourne de la morale, la jeuneffe pouffée par fes fougues, attirée par fes preftiges, la franchit, l'âge mûr la quitte pour fes affaires, la vieilleffe, qui fe défabufe de tout, n'y fauroit prendre, & c'eft tout cela néanmoins qui compofe la fociété.

P. Quoi donc eft-ce que vous voudriez nier que le fentiment du jufte & de l'injufte ne foit comme empreint de la main de Dieu dans le cœur hu-

main., & d'une maniere si claire & si
précise quand il n'est point offusqué
par ses passions, ou affaissé par l'habitude de l'injustice, que ce sentiment
forme en lui comme une notion qui
non-seulement entraîne ses premiers
mouvemens, mais encore éclaire ses
décisions.

L. Non, sans doute, & si ce sentiment n'étoit pas dans le cœur de
l'homme, nous n'espérerions pas de l'y
mettre. Mais ce sentiment n'est pas
une simple impression distincte, c'est
une affection lumineuse qui instruit
l'homme qu'elle éclaire & lui impri-
me une pieté raisonnable. Dieu seul
s'est réservé de créer. Il créa tout
dans l'ordre de sa justice qui est lui-
même; elle présida à l'ordre naturel,
c'est-à-dire, à l'ordre physique qu'il pres-

crivit à la nature, & ce font les loix
de ce grand ordre rélatives à la multiplication, au bonheur & à la perpétuité de l'efpèce humaine que nous
expliquons. Ces loix font fimples, elles font conformes à l'intérèt prochain,
momentané, conftant & perpétuel de
l'homme, & pour cela mème Dieu,
par la nature, a donné à l'homme un
attrait, un penchant général, impérieux & inaltérable pour fon intérèt
qui eft inféparable de l'ordre. En cela ce don paroit lui ètre commun avec
toute autre efpece animale; mais l'inftinct chez la créature privilégiée s'é-
tend à l'induftrie fans bornes, & par-
vient jufques à l'intelligence. L'induftrie de notre efpece a pu dérober en
quelque forte au grand ordre le fecret
de la végétation, folliciter la fécondité

de la terre qui lui fut donnée, & déterminer la mere univerſelle, la nature, à lui ſubſtituer l’héritage commun. Cet héritage n’eſt rien pour qui le néglige, mais il eſt ſans bornes pour qui ſait le faire valoir. Tout travail eſt ſûr d’y doubler ſa miſe, & c’eſt là la ſource de la proſpérité humaine & de ſa perpétuité. C’eſt à ce centre commun que tous les intérêts individuels doivent tendre; à ce prix ils ne ſauroient être trop ardens, trop irrités & trop actifs. L’intérêt particulier & perſonnel, occupé de ſoi ſeulement, ſert ſon ſemblable auſſi attaché que lui à ſon intérêt particulier. Le ſecours réciproque & mutuel, ame de tout, n’eſt compoſé que d’intérêts excluſifs qui loin de ſe croiſer, ſe ſervent d’échelons pour aller tout puiſer

au sein intarissable de la nature. Pour
arriver équitablement & favorable-
ment à ce terme commun, tous n'ont
que leurs droits à étendre, tous n'ont
que leur intérèt propre à servir; c'est
là tout leur devoir; nul écueil ne se
présente sur la route si ce n'est d'enfraindre le droit d'autrui; mais la route une fois ouverte, l'écueil est visi-
ble, qui veut y toucher fait embarras,
peut arrêter tout le reste, mais s'y bri-
se le premier. Vous avez vu comment nous développons tous les pas
de cette marche prospere; je vous en
esquisse ici l'ensemble, trouverez-vous
à dire maintenant que nous n'allions
pas plus loin que l'intérèt calculé, physique & terrestre, & que nous nous
contentions de démontrer la sanction
temporelle de la loi divine, & les in-

convéniens visibles de l'injustice ici bas.

P. Vous ne prétendez pas me dé-
payser par votre éloquence, & nous
sommes à présent comme toujours en
présence l'un de l'autre de bonne foi.
Souffrez donc que je vous demande
s'il ne seroit pas à craindre qu'on n'in-
fere de ce que vous dites de l'indif-
férence des hommes pour les morali-
tés, que l'instruction religieuse est purement inutile si ce n'est à ceux qui
en sont chargés; que la jeunesse l'é-
coute, l'apprend même, & ne l'en-
tend pas; que l'âge mûr la néglige &
l'oublie; que la vieillesse, en la supposant timide, n'en retrouve plus que
l'écorce, & qu'en prenant le tout ensemble elle n'influe aucunement sur
les mœurs. Vous qui faites profession de désirer le bien de l'humanité,

vous lui feriez un grand mal, selon moi, si de telles erreurs s'accréditoient & s'appuyoient de vos principes. Vous savez que les tems sont dangereux à cet égard, & le libertinage de l'esprit fort à la mode. Tout se confond dans ces sortes de matieres, la considération des personnes, la salubrité & la sainteté même des principes, ne serviroient qu'à donner une autorité de plus à la divergence & à la dissolution des idées, terrible brêche à cette vérité sociale que vous prêchez.

L. Je pense entièrement comme vous à cet égard. Vous touchez au point le plus délicat & qui depuis quelque tems me blesse; car sur-tout je ne voudrois point faire de mal. Je vais répondre exactement sur les trois points que renferme votre objection; sur moi

d'abord, car à mon avis je suis quelque chose, sur nos principes ensuite, sur
les conséquences enfin du sistême économique rélativement à la religion que
nous professons. Quant à ce qui est
de moi, personne n'avoit droit à mon
opinion sur cet article si ce n'est ma
famille & ceux à qui je dois l'exemple par une suite néanmoins de la sorte d'hilarité abondante & de la confiance qui règne dans mon premier
ouvrage que je donnai pensant de bonne foi n'être jamais connu, j'établis
net ma façon de penser sur ce point,
& ses motifs, à la téte (si je m'en sou-
viens) du chapitre des colonies. Cet
ouvrage est encore des miens le plus
connu; j'avois près de 42 ans quand
il parut; ce n'est pas après cet âge là
qu'on gagne beaucoup à devenir esprit

fort. Ma conduite pendant 16 ans qui se sont écoulés depuis, & que je savois fort bien être l'époque de notre âge où l'on fait ce qu'on appelle sa fortune, n'a pas prouvé que je fusse fort intéressé, & toutefois ce ne peut être que par intérêt qu'on se fait hypocrite. Je me croyois donc & devois me croire très dispensé de faire jamais d'autre profession de foi. Mes discours d'ailleurs, & l'éloignement que j'ai marqué en toute occasion pour les systèmes démolisseurs en ce genre, n'ont jamais été équivoques. Le public, il est vrai, n'est pas obligé de tenir régistre de mes discours & de mes sentimens, il en est pourtant que difficilement on prête. Il y a trois ans environ qu'on fit paroitre le certain *système de la nature* qui n'est pas du tout

de ma portée, & qu'on l'étiqueta du
nom du défunt fécrétaire de l'académie
intitulé tel, & dont le nom ne s'or-
tographie pas comme le mien, vieil-
lard refpectable d'ailleurs en fon tems,
& qui n'a pas mérité qu'on flétrît fa
mémoire.   Parceque quelques gens qui
me font l'honneur de me méconnoître, & qui ne penfent pas qu'il puiffe
y avoir deux hommes qui écrivent,
dirent alors que j'avois fait un livre
contre Dieu; quelques zélés vouloient
que je donnaffe un démenti à cette idée;
je me contentai feulement de répondre que fi l'on mettoit dans la gazet-
te même que j'avois empoifonné ma
mère, je l'y laifferois.   On n'eft cho-
qué que de ce qui nous approche,
& le projet avide, odieux & infenfé
de réduire la nature en république fut

toujours auffi diftant de moi que le parricide.

P. Auffi feroit-ce nous écarter & nous faire foupçonner de fubterfuges, que de parcourir cette carriere-là ; tous vos travaux tendent à établir, à dé-combrer, à enfeigner la loi naturelle, & par conféquent la religion naturel-le, car tout eft religion dans une ame comme la vôtre, qui le fait mieux que moi : mais la religion revélée, qu'au fond tous ces differtateurs attaquent & rien de plus, c'eft celle là qu'on vous accufera de décliner.

L. Si c'eft dans mes écrits ce feroit tant pis pour moi, fi c'eft dans mes principes tant pis pour mes acufa-teurs, j'y ai regardé. Je l'ai dit mê-me hautement dans une des premieres affemblées qui fe font chez moi, fur

quelque propos léger qui échappa, Mef-
fieurs, dis-je, *je fuis bien aife de profiter de cette occafion pour renouveller
ma profeffion de foi; quelque perfuadé
que je fois que la fcience économique eft
la fcience de l'ordre divin, relatif au
bonheur & au perfectionnement de notre efpéce; quoi qu'en conféquence je m'y
livre tout entier & aie réfolu de continuer jufques à ma fin; quoique tout y
foit calcul; que ma raifon n'aye rien
à dire contre le calcul & ma confcience
contre ma raifon, toutefois fi j'euffe
trouvé qu'elle contraftât, en quoi que ce
puiffe être, avec la loi qui nous fait tous
fortir d'un même père & membres d'un
même corps; loi de charité qu'il a fait
confifter en l'amour de Dieu par deffus
tout & celui du prochain comme foi-
même; loi d'équité qui la réfume en*
un feul

un seul point de ne faire à autrui que
ce qu'on voudroit qui nous fut fait à
nous - mêmes, loi d'unité, de forces, de
sentimens & d'intérêts, loi qui depuis
dix-huit cents ans sut convenir à tant
de nations diverses; si je pensois, dis-
je, que la science économique pût con-
traster le moins du monde à ses décrets,
je renoncerois tout à l'heure à ma science, mais c'est tout le contraire & vous
le verrez pour peu que vous le veuillez
voir. Telle est donc ma façon de penser déclarée; jugez après cela si je pense que l'instruction religieuse soit inutile. Je la révère & la chéris, & à
ne considérer la chose qu'en politique,
qui est le point auquel je me suis volontairement borné, je penserois encore de même; c'est la seule instruction
que nous ayons, car je ne regarde

K

comme inftruction que celle qui embraffe l'univerfalité des hommes freres, tout le refte eft apprentiffage, étude fi vous le voulez, j'appelle ainfi tout ce qui nous apprend à fervir les autres, mais il n'y a que ce qui nous apprend à nous fervir nous mêmes qui foit inftruction, & je le répéte, nous n'avons encore que celle-là. Si l'on en abufa, fi dans quelques lieux on pouvoit en abufer encore, c'eft faute de celle que nous voulons y ajouter.

P. Y ajouter, dites-vous, voila par exemple de ces expreffions qui vous feroient reprochées, comme fi vous vouliez ajouter quelque chofe à la religion.

L. Non, mais à l'inftruction des peuples. Notre objet en ceci eft le même que celui de la religion; elle vous

droit ne faire qu'une ame de toute la
grande famille, & nous qu'un corps.
Tant qu'il y aura tant de diftance entre l'inftruction du riche & celle du
pauvre, quand même l'une ou l'autre
pouroit être bonne, avec ce levain d'exclufion il y aura toujours deux corps
dans la fociété, celui des lettrés & celui des ignorans, inégalité morale venant à l'appui de l'inégalité phyfique,
bientôt dédain & fourberie d'une part,
méfiance & crédulité difforme de l'autre, injuftice & féparation des deux.

P. Et penfez-vous pouvoir empêcher cette inégalité morale tandis que
tout votre plan tend à la juftifier au
phyfique, & à en montrer l'utilité. Indépendamment du loifir & des moyens,
rendrez-vous les facultés égales?

L. Non : quand l'homme n'a voulu

ou pu favoir que ce qu'il fait, il n'a
à fe plaindre de perfonne ; il laiffe
avancer dans la carriere dont on lui
a donné les élémens, ceux que leur
attrait ou leurs commodités ont rendu plus érudits ou plus verfés dans
la fcience. Mais fongez donc de quelle
fcience il s'agit ici, de celle *des droits
& des devoirs de* l'homme, des *avances* qui en font la bafe, de la *proprieté*
qui en réfulte, de la juftice par effence
enfin ; eft-il aucune créature humaine
qui n'apporte fon droit à cette inftruction en recevant la vie, & celui qui
en connoit l'importance peut-il fom-
meiller en fûreté en préfence des paffions irritées de l'homme qui les ignore, & qui n'a d'autre frein, je l'ofe
dire, que le ciel tonnant, felon lui au
gré de ceux qui lui impofent des chaî-

nes, ou la crainte de la publicité de ce que l'affociation de fes tyrans appelle fon forfait?

P. Quoi? tout de bon, vous penfez que la généralité de votre inftruction rendra la généralité des hommes meilleurs; l'êtes-vous vous-même?

L. Non, Monfieur, mais nous ne tenons la fcience encore que de la pointe de l'efprit. Tous élevés au milieu d'un tas de matériaux de ruines, nous n'eumes pour principes que des injonctions qui, tranfmifes en dégénerant d'âge en âge, autorifent en quelque forte le fyftème blafphématoire d'un certain fol qui prétendit que la tyrannie étoit le nœud gordien de toute fociété : c'eft du premier lait que part le tempéramment & la croiffance ; celui que nous préparons aux générations futures nous fut refusé. Toutefois j'en ai vu plusieurs qui de bonne foi m'ont assuré que nos principes leur avoient assis l'ame & rassuré l'esprit. Mais c'est le désordre physique & social qui fait les méchans; le propre de l'instruction persuasive est de déterminer l'action, & c'est la réformation des désordres sociaux qui rendra les hommes infailliblement meilleurs, quand l'on saura comment & pourquoi le désordre est calculé folie: tout chez nous, en un mot, tend à l'unité. Assez longtems la soumission demandée & la soumission refusée ont divisé les pauvres humains, ont-ils donc trop de force contre les cas majeurs qu'il faille ainsi les user par opposition? Notre plan est de tout rapprocher, & sur-tout les prêtres & les philosophes; mais c'est uniquement en montrant à tous le plan de la nature, & ne réſiſtant que par cette expoſition même à ce qu'elle réprouve viſiblement.

P. Voila le premier point de votre tâche bien rempli, & ce que vous venez de me dire anticipe en quelque ſorte ſur le ſecond, dont l'objet eſt de juſtifier à cet égard vos principes de toute imputation poſſible rélative à l'eſprit de révolte & d'irréligion. Je ſuis, vous le ſavez, tout perſuadé ſur cet article, mais je ne ſerai pas fâché de demeurer convaincu.

L. Je vous en ai fait le tableau tout à l'heure quand vous m'avez accuſé d'éloquence, je ne demande pas mieux que d'en déployer la progreſſion. L'homme ne peut être mû que par ſon intérêt propre; de-là, ſes deux mobiles que Dieu lui-même mit en œuvre, la crainte & l'espérance. Le plus grand nombre n'est touché que de l'intérêt présent ; Dieu le voulut encore, car la racine de cet intérêt est dans nos besoins qu'il nous donna pour continuel mobile. Des besoins physiques l'homme s'élève aux besoins moraux, des appétits physiques aux appétits moraux, de la loi physique à la loi morale ; c'est cette progression que nous développons. Tout ce qui est du règne de la foi n'appartient point à notre étude, mais tout ce qui est du règne des œuvres est de notre ressort, & nous trouvons au terme de nos inductions calculées que la foi ne commande que les œuvres de l'intérêt physique & personnel. Le devoir de l'homme ici bas est de servir son droit & de l'étendre, & ce devoir eſt la baſe de tous les autres devoirs. Dans ce devoir il trouve celui de reſpecter le droit d'autrui, ſymbole, gage & garant du ſien propre : à cela près, le monde entier eſt à lui, il doit tout prétendre, il peut tout acquérir. Ce qu'il lui faut ſur-tout acquérir pour l'extenſion de ſon droit, qu'il n'obtient que par le travail & en proportion du travail, c'eſt des ſervices, c'eſt des forces : de-là, l'aide réciproque, l'équité dans les échanges, dans les conventions, dans la conduite, dans les ſentimens ; & cette démonſtration qui parle à l'intelligence, qui évoque, attire & perſuade la raiſon, dévelope & fait triompher à demeure le germe d'équité naturelle que Dieu plaça dans tous les cœurs. Les conféquences ſuivies qui en réfultent, s'élevant d'auprès du berceau même de l'homme naiffant, s'enlaffent dans fes langes, foutiennent fon enfance, ombragent fon adolefcence, contiennent fa jeuneffe, corroborent l'âge mur, couronnent fa vieilleffe, & du même jet embraffant tout l'ordre focial & politique, étendent fes foyers domeftiques fur la furface entière de l'univers. Voila notre expofition morale en quelque forte: voyons par quels degrés phyfiques nous les appuyons fur l'évidence, fur le calcul. Le premier befoin de l'homme eft fa fubfiftance, & c'eft dans ce befoin commun à tous fes femblables qu'il trouve à fatisfaire tous fes autres befoins, fes défirs, fes fantaifies, fes gouts de toutes les efpèces. Si lui feul avoit faim, il trouveroit fans doute à se repaître sur la surface de la terre, mais il n'y trouveroit que cela; c'est parce que tous les autres ont fait comme lui, que les travaux variés, successifs & multipliés à l'infini par l'industrie & l'opiniâtre labeur, se combinent de toutes parts pour l'acommoder & l'enrichir de toutes les manières. Voila le point décisif entre la vérité & l'erreur, chemins si divers dont l'un mène à la mort, l'autre à la vie. L'homme aveugle, & confiant en son propre sens, a cru que les mêmes appétits, ardens à l'infini, n'avoient qu'une carrière bornée, & par cela même étoient faits pour s'entrecroiser & se combattre; il a vu, sans vouloir le voir, que l'inépuisable sein de la nature étoit délégué par le Créateur au soin maternel de concilier cette contrarieté apparente ; qu'elle ne demandoit à l'homme que son travail, & se chargeoit de doubler la mise de cé travail en fruits renaissans de sa fertilité inépuisable. Il a voulu sortir de ce cercle bienfaisant d'équité & de munificence ; il s'est fait une route de discorde, d'exclusion, & bientôt de rapine ; cette route plus ou moins rapide mène inévitablement à la mort des sociétés, des familles, des individus : l'autre au contraire conduit par la voye de justice à la prospérité des Etats, à la multiplication de l'espèce, (population toujours profitable, toujours apportant de nouvelles richesses, parce qu'elle offre un surcroît de travaux) à l'extension des familles, au bonheur des individus. Tout le lien de ce cercle prospère, est l'union, la concorde, l'aide réciproque, par le seul moyen de l'équité qui renferme la restitution des avances, l'exercice des droits & des devoirs, la connoissance & le respect de toutes les propriétés, & surtout celui de la propriété divine, qui est d'être le centre de tout amour, de toute justice, de toute bonté, & l'objet unique de toute adoration. Faut-il, Monsieur, faut-il après cela remettre sous vos yeux la marche de nos inductions calculées, l'origine des dépenses, leur source, leurs avances, leur distribution, leurs effets, leur reproduction, leurs rapports en- tr'elles, avec la population, avec l'agriculture, avec l'industrie, avec le commerce, avec les richesses d'une nation, la table enfin de ce qui fut profondement déduit dans nos livres,

& dont le résultat vient de vous passer
sous les yeux dans le manuscrit que
vous me rendez. Vous n'y trouverez
que la démonstration physique de ce
que je viens de vous dire, & les échelons de calcul qui doivent conduire
toute intelligence humaine aux grands
résultats que je viens de vous développer.

P. C'est ce que je trouve de plus
excellent dans votre science, c'est qu'elle
rappelle & exécute cet ordre de notre
divin législateur, *sinite parvulos venire
ad me*, laissez les petits venir à moi.
Vous ne rejettez point le peuple, vous
voulez que tous les hommes soient également admis à la connoissance & à
la démonstration de leurs droits & de
leurs devoirs.

L. Et ceci nous ramène au troisième article de mon engagement qui est de justifier les conséquences du système économique rélativement à la religion que nous professons. Cette universalité dont vous nous louez, singularité sans doute si la science de l'ordre naturel étoit regardée comme un système philosophique, est, je crois, ce qui nous rapproche le plus de la religion; c'est du moins une preuve de notre bonne foi, & certainement ce que j'estime le plus dans nos discordances avec la fausse politique.

P. On n'a garde de vous confondre avec tous les gens à secret, mais plus votre morale est pure, complette, intéressante & solidement fondée, plus on prétendroit induire de là que cette morale & ses conséquences embrassent toute la religion à laquelle nous tre raison éclairée peut consentir, que l'adoration du Dieu du Ciel, ainsi que l'appellent les lettrés de la Chine, la résignation à ses ordres à nous annoncés par la nature, l'équité, le sentiment & les œuvres fraternelles envers les hommes, composent tout le culte qu'exige de nous l'Etre Suprême, & que s'il en faut un extérieur ce n'est que pour le peuple à qui l'appareil & les cérémonies en imposent toujours.

L. Pour le peuple? Oui sans doute, il lui faut une religion & des temples où l'hommage direct à l'auteur de tous les biens, la réunion de toutes les voix, & l'unité des prieres, ramènent la famille entière au souvenir & à l'extérieur de cette égalité primitive & essentielle, dont Dieu de sa main

paternelle imprima le fceau refpectable
fur la tête de tous fes enfans; il faut
un culte & des cérémonies au peuple,
& furtout à l'ordre du peuple le plus
inepte à connoitre & difcerner les conféquences radicales de la vie, c'eft-à-
dire, aux grands & aux puiffans hé-
réditaires. Eft-il rien de plus digne de
pitié que ces avortons d'indépendance
éphémére, dont le premier mécompte
eft de croire gagner beaucoup à fe-
couer le joug des rites dans leur jeuneffe; que mettent-ils à la place? rien
que des vapeurs à la longue, des fo-
phifmes & finalement des incertitudes
& des terreurs. Mais que de maux
ne font-ils pas fur leur route par le
défordre & l'abus frénetique & brutal
de tous les moyens que l'ordre focial
mit dans leurs mains, combien d'at-

tentats contre leurs pareils & contre
eux mêmes; voila le peuple lâche &
féroce qu'il faudroit brider avec un
mors d'airain s'il étoit dans nos principes & dans le vrai de traiter un ordre d'hommes quelconque comme les
fauves. Mais ils font hommes plus
enfoncés dans l'erreur que les pauvres, puifqu'ils penfent comme eux
que l'opulence & fes attributs font le
bonheur, tandis qu'ils fentent tous les
jours le contraire, & par conféquent
plus à plaindre. Le même reméde fera bon à tous également, l'inftruction.
Par elle le peuple inftruit de fes droits
& de fes devoirs phyfiques, de leur
principe & de leurs conféquences, n'aura plus befoin des fuperftitions toujours
promtes à faifir, envelopper, régir
fon ignorance, amufer fon inquiétu-

tle, confoler fon dépouillement & abufer de fa crédulité; par elle le riche
& le puiffant ne pourront, fans une
yvreffe brutale & généralement repri-
mée, faire aux autres & fe faire à
eux mêmes tout le mal que leur défen-
doit inutilement l'inftruction religieufe
qu'ils n'écoutent plus, & dont ils af-
fectent de dédaigner l'autorité.

P. Croyez-vous qu'ils refpectent d'a-
vantage la vôtre?

L. La nôtre? & qui fommes nous?
le laboureur, le meunier, le boulan-
ger. Nous leur donnons la loi du
pain & tout le refte s'y trouve.

P. Cependant ils y réfiftent aujourd'hui.

P. Et à quoi ne réfifte-t-on pas dans l'i-
vreffe, & la fauffe fcience en eft une; notre travail actuel eft de les défénnivrer.

Tout tient à l'opinion, sans doute, or comme inftituteur à ma maniere & fcrutateur des opinions, je puis dire que j'ai toujours trouvé le peuple qui fut à ma portée plus capable d'entendre & de fentir que les gens du monde, & fur-tout les favans. Ajoutez encore que je n'ai point le don de me mettre à la portée des fimples; la Providence m'inftitua l'apôtre des échos: j'ai taché de me gêner, de m'affouplir à des méthodes, vous le voyez; j'ai voulu ouvrir la carrière; j'ai cru devoir le faire; j'ai fait de mon mieux, mais ce n'eft point mon talent. Cependant j'ai toujours été mieux entendu (je ne dis pas écouté, mais entendu) des gens de la campagne; ils s'étonnoient même de me voir m'échafauder pour fi peu. Rien ne fembloit nouveau pour eux, & cer-

tainement pour peu que la religion populaire en eut été attaquée, je me ferois aperçu que je les fcandalifois; forte de remarque pour laquelle j'ai le
tact très fin.   Mais, voyons de plus
près en quoi ceci peut contrafter avec
la religion revélée. Seroit-ce que nous
foumettons au calcul des devoirs in-
connus jufqu'à elle? Ce dernier point
n'eft pas vrai; la religion naturelle fai-
foit loi dans le cœur de l'homme; &
Dieu connoiffoit l'homme jufte, & re-
poufloit l'homme coupable avant toute
révélation.   Seroit-ce affoiblir la foi
que de mettre fes réfultats d'accord
avec la raifon phyfique des chofes & à
la portée de l'intelligence bornée? C'eft
ce qu'ont voulu faire tous les bons
prédicateurs de l'évangile, bien inf-
truits d'ailleurs qu'il refte dans la re-

ligion, ainsi que dans la nature, assez de matiere à la soumission de l'esprit. Seroit-ce que la révélation paroit tomber, où sa nécessité devient douteuse, & qu'elle est au moins douteuse sitôt qu'on démontre que les loix de l'ordre qui renferment tout ce qui peut rendre l'homme obéissant, résigné, bon & utile, étoient à la portée de l'homme & de son expérience physique, sur sa tête & à ses pieds ? & que serions-nous nous-mêmes sans la révélation ? si le système complet de la réunion des devoirs physiques & moraux, des vertus physiques & morales, à partir de la cendre végétale où fermente & s'amollit l'écorce qui renferme le germe du froment, & s'élever jusques aux pieds du trône de l'Eternel, nous a si peu couté ; si nous démêlons le foible de

ces hauts inſtituteurs des nations les
plus célébres & les plus puiſſantes ;
ſeroit-ce à la force de nos lumieres iſo-
lées ? Seroit-ce à l'avantage du calcul
que nous le devions, ſi la trace avant
nous n'avoit été toute frayée? la connoiſſance des droits & des devoirs tient
à celle de la propriété ſans doute; mais
toujours les hommes eurent une idée
de cette derniere, puiſque ſeule elle peut
être la régle de la juſtice, & que toujours & par-tout il y eut des tribunaux, & cependant ils s'égarerent dès
le premier pas, & le moral leur écha-
pa comme le phyſique? Seroit-ce à
nous à révoquer en doute la miſſion
des hommes groſſiers qui ſe ſont élévés
de toute l'étendue de la charité au
deſſus du plus pur ſtoïciſme. C'eſt à
ces jaloux éternels que je me ſuis acro-

ché pour étendre & développer la science, & c'eft avec une fatisfaction toujours nouvelle que j'ai trouvé, que j'ai
pu dire à mon camarade, à mon fermier, à mon pâtre, qu'il étoit vrai,
qu'il étoit clair que le pere Tout Puiffant de mon ame étoit auffi le pere
foigneux de mon corps : que la juftice étoit également le régime falutaire
de l'une & de l'autre, de le dire & de
le prouver.   A l'égard de la révélation, de fa vérité, de fes preuves,
de fa profondeur, de fes myfteres,
elle n'a pas befoin de notre appui téméraire ; nous ramenons les hommes
à la foumiffion par la voie de la raifon, à la raifon par le calcul de l'intérêt ; nous tendons à tout raprocher,
& loin de porter à l'efprit de révolte
& d'orgueil nous penfons que rien ne
peut_être

peut être dans l'homme, rien, dis-je, de bon, rien d'élevé, rien de sage, qui ne nous ait été revélé.

P. Je suis plus que content, & depuis longtems je me reproche de vous en avoir trop dit.

L. C'est peut-être parceque je vous en ai trop répondu, mais ne vous reprochez pas en ceci mon exubérence; diverses circonstances m'avoient depuis quelque tems inquiété & préparé sur cet article. Dernièrement encore je reçus une lettre de mon plus ancien ami, homme sage & du sens le plus droit & le plus sain; au sujet de la cessation des éphémérides, il me marquoit en propres termes; *Cet excellent journal sembloit fait pour trier dans les ouvrages des philosophes modernes le froment de l'ivraie & pour ga-*

L

rantir les vrais économistes des repro-
ches qui pourroient réjaillir sur eux,
s'ils étoient confondus avec les écrivains
qui s'éforcent de séparer la nature de
son auteur. Ce mot suppose la chose
possible, & n'a pas peu aidé à la réso-
lution que j'ai prise de m'expliquer
encore une fois sur cet article, sorte
d'exercice que je n'aime pas du tout;
mais il s'agit de la maladie de notre
siècle, il faut bien en subir le préservatif.

P. A cet égard vous n'auriez qu'à
publier ce que vous venez de me dire. Il me ferme la bouche sur la se-
conde objection que j'avois à vous faire, attendu qu'elle paroît avoir quelque
adhérence avec ce genre là.

L. N'importe, j'ai fort à cœur de
connoître les choses qui vous ont fait

quelque peine. Je ne saurois trouver de meilleur juge, entre les gens qui ont négligé de lire nos livres; & quand vous m'aurez cité toutes les expreſſions qui vous auront au premier ſens paru mériter quelque adouciſſement, je ſerai raſſuré du moins ſur toutes les autres, ne pouvant, à cela près, prendre à tâche de parer à toutes les fauſſes délicateſſes des ignorans.

P. Et bien donc, c'eſt une expreſſion qui m'a paru crue au premier aſpect dans votre chapitre des droits & des devoirs politiques. Vous dites, *tout eſt fondé ſur la loi phyſique, même les vertus.*

L. Je vous en fais juge. Si l'on vous demandoit de déſigner entre les vertus celle qui vous paroît être la première, ou pour mieux dire le ſom-

maire de toutes les autres, laquelle
choifiriez vous?

P. Ce feroit la juftice, fans doute.

L. J'en conviens; & bien donc, quelle
forte d'exercice pourroit avoir la juftice dans un tel état de fociété qu'un
grand nombre des individus qui là
compofent fe trouveroit privé par le
défordre phyfique de la part & portion fur laquelle ils avoient du compter.

P. Je vous demanderai d'abord
comment cela fe peut faire.

L. Par le défordre focial. Selon l'ordre naturel nul enfant ne doit naître
& s'élever, que fur les avances que
fon père ou tout autre lui feront. Jufques-là fa portion eft affurée. Une
fois adulte, s'il a un fupplément d'a-
vances à confommer pendant un apprentiffage qui ne peut être fructueux

pour lui qu'au futur, il vivra encore fur ces avances, deviendra habile,
& fon travail un jour payé à proportion de fa mife lui fera retrouver en falaires & la rentrée de fes
avances, & le profit de fon travail fur
lequel il vivra; s'il n'a ni avances ni
induftrie privilégiée, il ne pourra offrir
que l'emploi de fes forces, c'eft-à-dire, fon travail; il n'aura que le falaire d'un manœuvre groffier; mais
pourtant ce falaire journalier le fera vivre, & ce falaire eft fon patrimoine fur lequel il a droit de compter. Voila felon l'ordre l'état conftant
& affuré des chofes. En cet état la
juftice a fon jeu libre & fon emploi
facile, il ne s'agit pour elle que de
maintenir l'ordre & l'exécution des conventions naturelles, & tout va de foi-mê-

me. Mais dans le cas contraire quand les dépenſes déſordonnées prennent la vogue, c'eſt toujours elles qui décident de la direction des travaux qui néceſſairement feront toujours à l'ordre des dépenſes. Celles-ci, une fois déroutées, déroutent tous les travaux & par conſéquent tous les apprentiſſages, & bientôt ſe refuſent à ſalarier le travail groſſier. Voilà d'abord une confiſcation de fait du patrimoine d'une très groſſe portion des individus qui compoſent la famille ſociale. Mais la rupture de ces derniers anneaux du cercle des travaux & des dépenſes tourne auſſitôt en dégradation du fond; d'ailleurs les dépenſes déſordonnées, portées d'elles-mêmes aux excès, accroiſſent bientôt le déſordre. Le fond décroit à vuë d'œil, les dé-

penſes ſont forcées à ſe reſſerrer, &
leur reſſerrement proſcrit tout autant
de travaux, fruſtre tout autant d'apprentiſſages, juſques à ce qu'enfin tout
croule à la fois. Or voici le point
de ma queſtion ; vous jugez bien que
tandis qu'un malheureux état parcourt
ce cercle progreſſif de décroiſſance, entre les hommes qui ſubiſſent plus ou
moins lentement cet arrêt de proſcrip-
tion, & qui ſe trouvent voués au ſort
affreux de toute population ſurabon-
dante, il doit s'élever bien des querelles, & que la fraude & la violen-
ce doivent y régner tour à tour ; je
vous demande ce que peut faire la juſtice pour remédier à tant de maux.

P. Elle doit redreſſer le principe,
arrêter le déſordre & rétablir l'ordre
des dépenſes.

L 4

L. Fort bien; je ne vous arrête-
rai point à la forme en vous deman-
dant comment cela se peut faire, car
cela nous meneroit à parcourir le plan
entier de la science sous peine de bron-
cher à chaque pas; mais je m'en tiens
au fond de votre réponse pour vous
montrer que vous-même, perdant de
vue le moral, oubliant le Ciel vengeur, l'enfer inévitable, la sanction de
la loi, la peine du crime, les remords
rongeurs, la satisfaction de bien faire, & autres motifs très réels, mais
qui n'ont de prise que sur les ames
rassurées sur la nécessité, vous courez
droit au principe physique, dont le
rétablissement seul peut ramener le règne de l'ordre & le pouvoir de la vertu.
Ai-je donc tort de dire que *tout dépend
du physique, même les vertus.*

P. Vous avez raifon & je n'en dou-
tois point; mais ne pouvez-yous pas
donner à vos expreffions plus d'étendue, il faut compatir à la foibleffe des
ames fufceptibles, & ne pas donner prife
aux interprètations des efprits bouchés
& dévoyés.

L. Je vous le répète, vous ne nous
avez point lûs. J'ai tort de dire *nous*,
car je fuis prefque le feul qui me fuis
fervi de ces expreffions que vous trou-
vez trop hardies; mais je me fuis expliqué en tant d'endroits fur leur principe & fur leur application qu'il eft impoffible que, fi l'on n'a mauvaife volonté, l'on me foupçonne d'équivoque
métaphyfique; rien n'eft fi loin de nous
qui ne calculons que les réalités phyfiques.

P. Il eft tout fimple qu'on fe fou-
L 5

vienne de foi-même, & qu'on fe rappelle tout ce qu'on a écrit, du moins
quant aux principes, mais il ne faut
pas toujours croire avoir été lû & furtout bien lû.

L. Auffi n'ai-je perdu aucune occafion dans le courant, de me dégager
en ce genre de l'allûre terre à terre,
qui pourtant eft celle qui nous eft prefcrite par la nature de notre travail.
Il m'en coute fi peu d'ailleurs pour
élever ma penfée, que j'aurois plus
de tort qu'un autre de matérialifer les
objes; mais il faut furtout les réa-
lifer; c'eft la fcience, c'eft la juftice;
à cela près, voyez ici même, dans
une forme de méthode naturellement
fi féche & fi racourcie, vous y trouverez néanmoins ces mots. *Si nous
écartons ou feignons d'écarter de notre*

étude la morale isolée de son principe physique, ce n'est pas que nous méconnoissions son influence divine, ce sentiment pur, qui annoblit l'homme, élève son intérêt & donne à l'amour de l'ordre l'odeur du culte & de l'encens. Qu'avez-vous à dire après cela?

P. Rien, je vous assure, & je suis satisfait.

L. Et moi j'ajoute encore que vous auriez pu remarquer que l'expression qui vous a paru cruë, n'est que dans le quatrieme cours de *l'instruction populaire*. J'ai dit expressément que celui-là étoit réservé aux Lettrés en ce genre, c'est-à-dire à ceux qui se destinent aux emplois de l'administration. Or ceux-là nécessairement auront lû les ouvrages économiques, & étudié les livres classiques de la science; ils ne s'étonneront ni ne s'égareront par des expreſſions vraies qui ne feront plus inuſitées pour eux, & qui pour lors, à ce que j'eſpère, feront familiè-res à tout le monde.

P. Ma troiſieme difficulté me tient plus à cœur. C'eſt ſur la co-propriété des fonds de terre que vous ſemblez attribuer au Souverain, opinion qui ne me paroît ni vraie ni prudente.

L. Oh pour le coup vous avez lû d'autres de nos ouvrages, ou cette pré-vention vous eſt venuë de quelqu'un, car, ſi je ne me trompe, ce que vous avez trouvé de plus fort ſur cet ar-ticle dans *l'inſtruction populaire* c'eſt ce-ci, *je ne peux pas me mettre dans la tête que ma terre n'eſt pas à moi ſeul, qu'il y aît deux propriétés, celle du Sou-verain & la mienne dans le produit d'un même champ.* Cela ne dit que là co-propriété du produit net, & quant à celle-là pas un économiste ne vous la cédera; car c'est la pierre angulaire de tout l'édifice social économique. Je ne vous nierai pas que plusieurs d'entre nous & notre instituteur entr'autres qui pése plus à lui seul que tous les autres ensemble, n'y ajoute la co-propriété du fond, & ils ont de bonnes raisons prises dans la justice calculée sur les régles de l'ordre social.

P. Et lesquelles, je vous prie?

L. Vous savez que l'homme ne peut avoir de droit originaire & naturel au globe de la terre. Elle fut donnée au fils des hommes, mais en commun. Quand un homme dit, *cette terre est à moi & à moi tout seul;* & que les autres hommes le lui accordent, cela ne peut dire autre chofe, finon j'ai mis tout mon fait à cette terre là & je ne l'en faurois féparer aujourd'hui, ainfi donc j'ai la propriété du fite où gît mon dépôt, & perfonne n'y peut rien prétendre que de mon confentement il n'ait aquis mon dépôt, car il me feroit injuftice, non pas de prendre le terrain qui fut à tous, mais de s'emparer de mes avances qui en font inféparables. Voilà le feul principe de ce genre de propriété à laquelle tous les hommes confentent, 1°. parceque cela eft jufte. 2°. parce qu'ils ont tous intérêt à l'emploi que je veux faire de ce terrain, (emploi qui le rendra productif pour tous,) & à la perfuafion que j'aurai que ce terrain eft à moi pour toujours, puifqu'elle autorife ma confiance qui fera que je mettrai tout pour faire valoir ce champ.

P. J'entends cela & l'approuve d'autant plus que cela fonde la propriété foncière en droit naturel, & non en droit de convention.

L. Il s'enfuit de là néanmoins que vous n'avez de droit naturel fur cette terre, que le produit de vos avances, & que tout ce que vous y prétendez au-delà, & que l'ufage même vous autorife à y prétendre, n'eft que d'ufage & d'opinion. Or dans le produit de votre terre *les avances fouveraines* n'y font-elles rien?

P. Qu'entendez-vous par là, je vous prie? eft-ce la juftice, la police & la défenfe qui font que mon champ n'eft point envahi?

L. Non, je ne les fais point entrer

dans ceci, ni même l'*inſtruction* que je conſidére comme faiſant partie de la police, mais les chemins, les pavés, les canaux, les débouchés enfin, ſans leſquels vos produits invendus ne pourroient renaître, mais les travaux publics qui empêchent vos fonds ou d'être inondés ou d'être emportés, tout cela & tant d'autres points inutiles à déduire, n'entre-t-il pas pour une part conſidérable dans les avances qui font produire votre terre.

P. Ne confondons pas, je vous prie; il me ſemble que les premiers objets que vous avez mis hors de rang dans cette queſtion, tels que la juſtice, la police &c. font vraiment ce qu'on peut appeller *avances ſouveraines* à parler votre langage néanmoins, car on pourroit, naturellement parlant, les regarder comme services qui ont une folde ou portion convenue. Mais je conçois l'inconvénient qu'il y auroit à ne confidérer la fouveraineté que comme un fervice. Je dis donc que ce font là les avances fouveraines & que comme telles elles doivent avoir une part à retirer fur le produit. Mais quant aux travaux publics dans votre fyftème fifcal même (qui eft le bon). à favoir que le fouverain aît fa part réglée fur le produit net, part qui croif-fe & décroiffe avec ce produit, je re-garderai les travaux dont vous me par-lez comme des fuites d'un arrangement qui intéreffe la puiffance publique à vo-tre produit particulier, & dont elle eft récompenfée par le produit de mon travail.

L. Regardez-les comme il vous plaîra, ce feront toujours des avances appliquées à la confervation ou bonification de votre champ ; & comme ce font de telles avances qui font votre droit à la propriété de votre champ, de pareilles avances doivent faire le droit du Souverain à la co-propriété.

P. Votre fermier avec fes avances primitives coopére bien plus directement au produit de votre champ, auffi a-t-il fa part fur le produit, mais il n'en prétend aucune à la propriété du fond.

L. Prenez garde ; le poffeffeur des avances primitives n'a rien à prétendre au fond, parce que ces richeffes n'en font point inféparables ; ainfi quoique la coopération au travail productif foit directe, fon droit ne peut porter que fur le produit, comme celui de

tous les autres travaux , qui tous y coo-
pèrent par adhérence plus ou moins directement , mais toujours inévitablement. L'inamovibilité des avances eſt ,
comme nous l'avons vu , le ſeul titre
naturel à la propriété foncière , mais ce
titre ne ſauroit ſans injuſtice & déſordre être fruſtré , & c'eſt ce titre qui
donne aux avances ſouveraines droit à
la co-propriété du fond , puiſque ces
avances en travaux tels que nous venons de les dire ſont réellement inſé-
parables du lieu où elles furent placées,
& qu'elles ont pour objet & pour effet
la commodité & l'exploitation des fonds.

P. Mais ce que vous appellez ici
avances ſouveraines ſont , elles mêmes,
le fruit de ce dont vous leur voulez attribuer le fond , car ſans cela , où le
Souverain les auroit-il priſes ?

L. Ne confondons pas le Souverain & la fouveraineté. Sans contredit les Souverains des Etats, tels que vous les voyez aujourd'hui, n'ont de richeffes que les tributs; ces tributs font une portion des revenus & par conféquent des fruits de la terre; ainfi ce font les produits qui font les avances, mais tout fait cercle dans la nature, comme vous le favez. Toute la fcience confifte à bien difcerner le commencement dans ce cercle, l'erreur confifte à s'y méprendre. Prenons donc la fouveraineté à fa fource; elle exifta avant le Souverain; elle fortit toute armée du fein de la juftice naturelle & néceffaire; elle régna dans la première famille qui commença la première fociété. Suppofez cette famille feule & fe faifant un patrimoine par fon travail. Elle arrache, elle épierr re, elle défriche, elle unit le terrain ; voila les avances foncières & le titre à la proprieté. Il lui faut un canal pour conduire l'eau d'un ruisseau voisin au sein de son domicile, & une partie de ce canal est au-dehors de son domaine & par conséquent de sa proprieté, il lui faut un chemin pour amener plus aisément avec ses bêtes de somme le bois de la forêt voisine. A qui appartiennent ce canal & ce chemin hors du domaine de la famille?

P. A celui qui les a faits, sans doute?

L. Mais qui est-ce qui les a faits ?

P. La famille en corps, comme les autres travaux.

L. Mais il me semble que quant aux autres travaux, l'on s'est partagé les soins domestiques ; les enfans ont gardé les bestiaux ; les forts ont abattu les foibles ont fagotté, & les patiens ont défriché.

P. Et bien les forts & les patiens ont fait le canal & le chemin.

L. Ils leur appartiennent donc à eux tous feuls.

P. Non, car tout ce qui fe fait par la famille eft pour le corps entier de la famille.

L. Et fi tout-à-coup l'on difoit au fort, *l'entretien & le perfectionnement du chemin & du canal fera déformais votre affaire, nous fournirons la contribution pour les frais fur laquelle roulera votre entretien, mais déformais vous n'aurez plus aucun droit fur la proprieté du domaine.*

P. On lui feroit tort tant que l'héritage commun feroit cenfé appartenir à tous par indivis; mais fitôt que la

famille subdivisée en différentes branches en viendroit au partage qui implique renoncement à tout le reste. ...

L. Et bien n'auroit - il pas droit à
avoir sa part?

P. Je le veux, mais ici vous prétendez pour lui un droit de co-proprieté à
toutes les parts.

L. Sans doute, & voici pourquoi,
*freres, diroit-il, vous voulez me donner
une part, j'en ferois content comme les
autres, fi vous ne m'occupiez ailleurs
pour le bien général du domaine; mais
tandis qu'il vous eft utile de partager,
parce que chacun de vous eft libre de vaquer à fa chofe particulière, le partage
me nuit à moi, qui, occupé déformais
pour le bien de tous, devient par cet arrangement étranger à tous & ferviteur de
tous. Ainfi donc ce partage qui fit loi &*

titre pour chacun de vous doit, selon la justice, être censé comme non-avenu par rapport à moi ; j'étois part-prenant naturel à la propriété du domaine, & je le suis encore au même titre, ou si quelqu'un de vous veut me priver de mon droit, qu'il renonce à passer sur ce chemin qui est à vous tous, & non point à moi seul, quoique seul j'en aye l'entretien & la jurisdiction active, qu'il renonce à l'usage du ruisseau.

P. Votre principe de droit en ceci n'est-il pas un peu métaphysique ?

L. Rien de métaphysique, Monsieur, dans l'ordre naturel & économique des droits & des devoirs, dans la justice par principe & par essence. Les *avances souveraines* ne sont point celles du Souverain, mais celles de la souveraineté, c'est-à-dire de la famille. Le Souverain proprié-

proprietaire de la souveraineté l'eſt de
tout ce qui appartient en commun à la
famille ; chaque individu n'a pu s'en
réſerver que l'uſufruit quant à la juriſdiction, quoiqu'il ait titre à la co-propriété. De même le Souverain a renoncé à toute jurisdiction ſur les propriétés foncières, quoiqu'il ait titre à
la co-propriété.

P. Je ne ſuis pas verſé comme vous
dans ces ſortes de matières ; mais, ſelon
vous-même, le réſultat de la juſtice,
rélativement aux hommes, doit être
leur raprochement, il ne peut prove-
nir que de la confiance ; or trouvez-
vous un principe plus propre à effrayer
les propriétaires que celui de leur donner un co-partageant à leurs droits, tel
que le Souverain qui ne va point ſans
ſes gens.

M

L. Toutes les inquiétudes & les terreurs rélatives à l'état actuel des sociétés sont dans la nature même des choses, & résultantes de l'état d'ignorance
& de désordre invétéré. Il fallut bien,
en commençant la démonstration de
ces grandes vérités, s'attendre & se
résigner à heurter de front tous les pré-
jugés à la fois & de part & d'autre, à
les effaroucher, à les ameuter; mais
il n'est pas permis de composer avec la
vérité. Le succès du plus grand nombre de principes tranchants que nous
avons annoncés doit nous rassurer sur
le tout. Quant à l'objet de vos craintes, considérez-le, s'il vous plaît, des
deux points de vue opposés, car c'est
la méthode nécessaire de la prudence.
Pour décider de laquelle des deux parts
ou du propriétaire ou du Souverain,

doit être la répugnance pour l'énonciation claire & précise de la loi de l'ordre, il s'agit de décider de quel côté
panche la balance du droit actuel.

P. Je vous entends. Il n'est pas ques-
tion, selon vous, de savoir si les Souverains étudient la thèse du droit, puisque mettant le fait de leur côté, ils
prennent tout, & que ceux-mêmes qui
en usent autrement pensent faire grace. Or je réponds à cela, que la con-
fusion du fait & du droit seroit une
mauvaise & dangereuse manière de rai-
sonner ; que l'opinion & le sentiment
naturel de la justice opposoient toujours la *vigne de Naboth*, le droit de
la propriété &c. que vous êtes venu
éclairer, corroborer ce principe, & en
développer les conséquences, & que
vous détruisez votre propre ouvrage en

le mélangeant aujourd'hui de cette co-
propriété.

L. Penseriez-vous, comme autre-
fois le vulgaire des lecteurs, que nous
avons voulu privilégier la propriété
foncière. C'est là propriété purement
dite qui est la base de tout droit, & la
propriété foncière n'en est que le résultat. Nous avons dit, il est vrai, combien il étoit important qu'elle fût im-
mune & sacrée comme toutes les autres, mais uniquement parce que chacun devoit avoir sa part sur ces fruits.

P. Et bien, c'est à cette immunité
que vous attentez, à ce qu'il semble,
en associant le propriétaire au Souverain.

L. Pourvu que ce ne soit qu'en sem-
blant, qu'avez-vous à dire ? Or je
vous demande, le propriétaire avoit-il

compté acheter une souveraineté ou en hériter ; s'il ne connoissoit ni le Souverain, ni l'impôt, tant pis pour lui ; car il étoit au plus dur état de l'ignorance, qui est de voir l'injustice à tout & partout ; mais il payoit l'impôt de fait & d'obligation & par conséque nt ne le possédoit pas, & tandis qu'il croyoit à lui tout seul toute sa terre, le Souverain de son côté croyoit à lui tout seul toute la province, & d'un souffle à la moindre résistance l'auroit écrasé. Mais quand vous préférez l'ancienne condition, vous ne vous en rappellez pas toute l'étendue : ce *domaine éminent* que les publiscites & les jurisconsultes ont accordé aux Souverains, & jusques où leur politique dépourvue de base en a porté les prérogatives. Encore ces hommes renommés pour leur can-

deur & leur courage afcétique pen-
foient-ils en cela fe dévouer en quelque forte pour rendre témoignage à l'é-
quité naturelle ! que feroit - ce donc fi
nous ouvrions les recueils de tant d'o-
racles vendus de la jurifprudence paffée & préfente, qui ne laiffent qu'u-
ne propriété précaire & d'ufufruit
aux fujets, à tant de flateurs qui ont
fait dire dans le tems à cet homme cé-
lèbre : *fi omnia permiffa funt principi,
quid erit Dei*, fi tout eft au Prince,
qu'eft-ce donc que Dieu s'eft réfervé.
Les funeftes maximes qui irritoient ce
grand homme font encore vivantes
dans bien des Cours. Tandis que l'un
murmure dans fon coin, tandis que
de loin l'autre le dépouille, cela va
comme l'on voit les chofes aller, mais
non pas vers le raprochement, à ce qu'il

me femble ; il s'agit donc de réunir ces deux parties à l'ordre de la nature ; je vous demande aux dépends de qui rélativement à ces deux erreurs contre-pointées fe fait ici la réunion , & fi c'eft au propriétaire à fe plaindre de la loi de l'ordre , telle que je l'ai démon-trée ci-deffus.

P. Prenez garde , vous rentrez dans le fait ; mais ce fait étoit une ufurpation manifefte qui ne peut prefcrire, & contre laquelle le droit naturel protefte toujours ; au lieu qu'aujourd'hui en vertu de fa co-propriété foncière, le Souverain va avoir droit à s'ingérer dans la manutention de mon fond, à juger du bon ou mauvais ufage, à en ordonner, à me traiter comme fon fermier, & mon titre de propriétaire eft précaire déformais.

M 4

L. Un moment. Vous avez sans doute aprouvé la loi fiscale, telle que nous
l'avons prononcée d'après l'ordre naturel.

P. Sans doute, & c'eſt de tout le plan
économique ce qui me paroît le plus
important & le plus néceſſaire au bien
général de l'humanité.

L. Ce plan porte néanmoins ſur la
co-propriété ſouveraine du produit net.

P. Je l'avoue, & je vous le paſſe.

L. Toutefois cette co-propriété mettroit bien auſſi, ſelon vos terreurs, le
Souverain en droit de s'immiſcer dans
l'uſage que vous faites de votre terre ;
car une terraſſe, qui ne rapporte rien,
lui vaudroit deux boiſſeaux de blé, ſi
elle vous en valoit vingt cinq de produit total & dix de produit net. Mais
ce n'eſt pas ainſi qu'il faut enviſager,

par les difficultés de détail, le plan de
l'ordre qui dans son ensemble pourvoit à tout. D'abord *la propriété* y est
annoncée dans toute sa pompe, dans
toute sa dignité; l'on la voit sortir du
sein de l'essence divine, revêtue d'une
autorité créatrice, & faisant loi primitive, dont la sanction est conférée à la
nature bienfaitrice, ou vengeresse infaillible, selon que l'homme veut être
obéissant ou réfractaire. La propriété
inviolable de la personne amène la propriété inviolable des acquets, & l'une
& l'autre ensemble marquent du sceau
de l'autorité divine la propriété foncière enfin, dont l'immunité & l'indépendance tiennent la clef de la source des subsistances qui doivent se ré-
pandre sur la masse entière du genre
humain. Au milieu & au-dessus de tou-

tes ces propriétés combinées, & néanmoins toujours aifées à démêler, s'é-
lève, mais feulement pour les maintenir & les défendre, la propriété fouveraine qu'en langage figuré l'on appel-
leroit *la part du Ciel*, c'eft en effet la
part de la juftice. Il faut qu'elle foit
dominante dans un état ; par l'inftruction elle attirera & multipliera les bons;
par la force elle contiendra les méchans.
Tel eft l'emploi de cette part qui folde
les frais des agens de la juftice dominante ; ce n'eft point aux hommes à la
faire cette part, ce n'eft point à eux à
donner; la juftice a tout réglé.

P. Permettez que je vous arrête.
Rien n'eft fi dangereux & fi repouffant,
dans des tems de défordres vifibles &
cumulés, que ces expreffions tranchan-
tes, qui éloignent de vous tous les ci-

toyens bien intentionnés & qui déplo-
rent les abus préfens & prévoyent les
miferes futures. Toutes nos nations
ont fubfifté & jouï de l'union & de la
fplendeur, fous la forme de réunion
néceffaire entre le prince & fes fujets,
dans tous les cas majeurs, de fecours
demandés par les premiers, de concef-
fions volontaires & abondantes faites
par les derniers; de zèle & d'amour réciproque réfultant du raprochement
paffager du prince & des fujets, zèle
éteint aujourd'hui par la baffeffe, la flat-
terie, l'orgueil & tous les affortimens
de la cupidité & de la fervitude : ce
n'eft point de-là, ce n'eft pas de ces affemblées que font fortis l'efprit fifcal,
la graine vivace & purulente des trai-
tans, les emprunts d'Etat, l'agio, les
créations de charges, & tant d'autres

fcorbutiques irritans de la circulation paffagére, qui ont corrompu la maffe des Etats. Les députés des nations s'affembloient, concouroient au but général, offroient leurs cahiers & leurs doléances, & quant à l'objet préfent accordoient 'es plus fortes fubventions felon les circonflances, fans jamais ftipuler pour les générations futures que l'antique & raifonnable immunité. Hélas! vous réprouvez d'un mot ces faftes honorables du concert focial, vous voulez unir & . . . .

L. Ne nous écartons point des principes, je vous prie, fans cela nous ne tenons rien. Qui vous a dit que nous réprouvions les affemblées nationales: vous auroit-on dit encore que parce que nous ne voulons que la monarchie, nous voulons que le prince lui

tout feul faffe tout ? il n'en eft rien,
bien au contraire ; tout concert entre
le prince & les fujets, & tout ce qui y
tend, eft favorable & néceffaire ; mais
nous prohibons aux uns & aux autres
le droit de prononcer fur l'impôt, parce que ce feroit leur livrer la propriété, les droits & les devoirs, tout enfin ce que Dieu s'eft réfervé à lui-même, tout ce qu'il nous prefcrit par
l'ordre phyfique, fous peine de def-
truction & de mort. Je ne répondrai
point à vos exemples par des exemples, nous ne finirions pas. Peut-être
feroit-il aifé de trouver aujourd'hui
des peuples que les affemblées nationales ont conduit à l'excès du défordre,
provenant de l'abus des emprunts d'E-
tat & des impofitions indirectes ; peut-
être en eft-il d'autres que ces affem-

blées & leur pouvoir ont conduit à l'anarchie & au démembrement ; mais encore un coup, laiſſons les exemples. La ſcience de l'ordre naturel, découverte depuis peu, doit fonder & conſolider des Etats, non pour des luſtres, des olympiades, & autres périodes hiſtoriques de l'oiſeau ſur la branche, mais pour des ſiécles & juſques aux révolutions majeures du globe que nous habitons. Les monarchies d'aujourd'hui ont duré, dit-on, pluſieurs ſiécles ; oui, les montagnes n'ont pas changé de place, mais le régime, mais le fond, mais la forme, mais les loix, mais les mœurs ? L'on compteroit quatorze monarchies ſucceſſives, conquérantes, diſtinctes & ſéparées en traces de ſang & de feu, dans l'unité prétendue de celles qui vantent le plus leur

antiquité. Si la vérité est une, combien de manières d'être fatigantes &
destructives contre une bonne, sup-
posé encore qu'on l'eut trouvée. Laiſ-
fons cela. Le pire des déſordres ſociaux,
ſans doute, eſt une ſoit diſant conſtitution d'Etat où le Prince croit pouvoir impoſer à volonté & meſurer la
contribution de ſes ſujets ſur ſes beſoins, c'eſt-à-dire, ſur ceux de tous
les raviſſeurs qui néceſſairement l'entourent, beſoins intitulés *beſoins de
l'Etat* ; vous ne nierez pas ce point-là
& la vérité en eſt palpable. Cette forme
de pillage graduel, circulaire, & bientôt univerſel, qui dévaſte un empire &
le réduit à la conſtitution des Etats bar-
bareſques, eſt néanmoins le terme néceſſaire de l'opinion pratique que le
peuple peut concéder ; car il s'enſuit

qu'il peut refufer. S'il refufe, il faut
que le Souverain céde ou qu'il l'emporte ; fi le Souverain l'emporte, le terme
de fes conquêtes fera l'état dont nous
parlions tout à l'heure ; s'il céde, c'eft
alors le peuple ou fes repréfentans qui
gagnent du terrain , & le propre de
l'homme eft de vouloir toujours gagner ; on ne s'arrètera qu'à l'anarchie
qui rentre encore dans l'état ci-deffus.
Si le peuple au contraire accorde fans
ceffe & n'a dans fes repréfentans que
des organes de fa docilité, la cupidité
du fifc & de fes part-prenants trouvera
bien-tôt le bout de leur patience ; car
tout a fon terme enfin, furtout pour
qui ne connut & ne calcula jamais les
barrières phyfiques , & ce terme eft
ceci, l'on fait quel il eft. Notre plan,
conforme en entier à celui de la natu-

re, tend furtout à établir l'efprit de famille pour efprit national. Il eft donc
bien éloigné de réprouver les affemblées, foit provinciales foit nationales,
exemples furtout de grands frais, &
propres à entretenir le concours d'idées
& de correfpondances entre le pére &
les enfans, à lui défigner les plus pref-
fans objets, foit d'amélioration foit de
confervation à le foulager des détails fi
délicats de la perception de l'impôt, à
établir & perpétuer enfin la confiance
réciproque, mère du raifonnable amour.
Mais il prohibe à tous la jurifdiction
de l'impôt, parce que cette queftion
eft renfermée dans la grande loi de la
propriété, fortie toute faite du fein de
l'Eternel, & par lui confiée à la nature. Nous foutenons la co-propriété des
fonds acquife de droit à la fouveraine-

té, par les raisons que je vous ai déduites ci-dessus, & nous ne la croyons nullement dangereuse, parce qu’il n’a sa part que sur le produit net, de même que le propriétaire en cette qualité n’a que le produit net. A la vérité le propriétaire a la disposition pleine & entière, à lui tout seul, de son champ; ainsi n’avons-nous pas dit que le Souverain fut co-propriétaire de la jurisdiction des fonds, de même que le propriétaire foncier, co-propriétaire comme tout autre du patrimoine public des chemins, rues, places, canaux &c. n’a nulle jurisdiction sur tout cela, parce que chacun a son métier & son emploi dans la société, que l’ordre naturel a réglé les jurisdictions, & que rien n’est si dangereux que ce qui tend à les faire empiéter les unes sur les au-

tres. L'intérêt particulier, masse mobile & qui d'elle-même devient compacte pour former l'intérêt public, est
le seul aiguillon dominant qui ait droit
de provoquer tous les part-prenants à
cet intérêt, & la souveraineté n'y in-
tervient que dans le cas où la réclamation du tiers lezé requiert que l'on fasse
régner la justice.

P. Je vous entends, je vous suis,
je consens même, & néanmoins je ré-
siste. Tant d'autres auront moins de
docilité que moi, que je me crois en
droit de vous conjurer de ne mettre
point en avant des vérités si dures,
jusques à ce que les esprits ayent reçu
celles qui les entourent & les encadrent,
pour ainsi dire, de manière à leur servir comme de préservatif, vous savez
qu'on abuse de tout en des tems mal-

heureux, & je crains que vous n'affoibliffiez l'idée de la propriété, en attendant l'inftruction générale qui doit lui rendre toute fa force.

L. Ces grandes vérités auftères, qui émanent des irréfragables loix de l'ordre naturel, effrayent, je le fais, nos efprits qui n'ont & ne fauroient avoir d'idées en ce genre, qu'extraites de l'état de défordre, puifque nous ne connoiffons & ne pouvons connoître que cela. On peut tout craindre ; auffi avons-nous obfervé de ménager beaucoup cette expreffion, & je doute encore une fois que vous la trouviez exactement dans toute l'inftruction populaire.

P. Vous dités que *le Souverain peut être propiétaire particulier de fonds comme un autre, mais que ces deux qua-*

lités n'ont rien de commun. Je désirerois que vous eussiez touché en passant quelque chose d'un principe du droit public ancien, & que je crois salutaire & conforme à l'ordre naturel, à savoir que le domaine particulier du Souverain doit servir à son entretien & à celui de sa famille, de manière que l'impôt provenant de la contribution du peuple soit tout entier consacré à son objet naturel, qui est l'avantage du peuple.

L. Et où cela nous mène-t-il, je vous prie ? qui, selon vous, doit veiller à l'exécution de cette loi ?

P. Qui ? ceux que vous préposez à la sauvegarde de toutes les autres ; l'instruction publique, le préjugé général & bien fondé.

L. Ce n'est pas à moi à récuser cette sauvegarde qu'on nous a tant reprochée; mais toute fa force confifte dans le dernier mot que vous avez dit; il faut, pour que la réclamation publique ait force, qu'elle foit *bien fondée*, & celle-là ne l'eft pas.

P. Expliquez-moi ceci, je vous prie.

L. Elle eft dangereufe par les conféquences, un mot vous le prouvera; car fi le peuple a le droit de régler l'emploi de l'impôt, le Souverain aura celui de régler l'emploi des fonds; & voila toutes les propriétés & toutes les jurifdictions qui vont empiétant les unes fur les autres. Arrètez-vous un moment fur cette difficulté, confidérée comme fondamentale, elle vous aidera à écarter toutes les difficultés de détail, que le fouvenir, la préfence & la prévoyance des abus vous offriront fans nombre. Enfuite, je fuppofe la chofe exécutable; vous voulez donc induire le Souverain à épargner fur l'impôt pour acheter beaucoup de terres, pour foutenir fon fafte & celui de fa famille, qu'arrivera-t-il de - là ? ce qu'il arrive dans tout héritage, ou que, fuivant le plan, le Souverain & fa famille fubdivifée acquerront toutes les terres, devenues vaftes & négligés domaines de grands Seigneurs, ou que dans le fens contraire ils le diffiperont, & arriveront de la forte au pied du mur de la loi, forcés à l'enfraindre, ou à l'hipothèfe ridicule de régner le bâton blanc à la main. Ne vaut-il pas mieux (en fuppofant que la chofe fut à notre choix, & que l'ordre naturel des propriétés n'eut pas prononcé) que le Souverain foit propriétaire abfolu de fa part, comme tous les autres, & qu'il n'ait, comme tous les autres, pour mobile de fa bonne conduite que fon intérêt, devenu vifible par l'inftruction publique & générale.

P. Quelle eft donc la loi de l'ordre en ceci ?

L. Elle eft claire & fimple. Le Souverain qui poſſéde des terres eft propriétaire particulier & privé de fon domaine, comme tous les autres, & il a pour co-propriétaire, comme tous les autres, la fouveraineté dont il ne peut ni vendre ni engager la part, mais feulement celle du propriétaire privé.

P. Quoi donc je ne puis vendre toute ma terre ?

L. Non, Monfieur, vous n'en vendez ni l'impôt, ni la dixme, portion d'impôt défordonnée & par conféquent injufte, & qui s'élève néanmoins nonobftant nobstant tout contract de vente , également sur Jaques que sur Paul son devancier.

P. Voila bien des nouveautés que vous rapportez à l'instruction générale pour nous apprendre à y avoir égard : mais ne comptez-vous pas beaucoup trop sur la raison des princes ?

L. Mais à défaut de cette confiance, ne compteriez-vous pas beaucoup trop sur celle des peuples ?

P. L'une est la raison générale, l'autre une raison particuliere, il n'y a pas de parité. D'ailleurs le besoin & le travail font la véritable école des hommes.

L. Quant à ce qui est de la raison générale, permettez que je n'y compte qu'au moyen d'une bonne & générale instruction bien suivie. D'ailleurs ne diroit-on pas que le prince est seul ; c'est l'homme du monde qui l'eſt le moins juſques dans ſa chambre. On y flatte, il eſt vrai, le moindre de ſes ſignes, mais la raiſon générale décide de la forme même de ſes propres courtiſans. Au reſte il n'eſt point queſtion ici de la forme conſtitutive du gouvernément, qui ne ſauroit être trop ferme, trop ſtable, & trop compoſé de manière à exciter l'émulation, & celle ſurtout de l'inſtruction. Le beſoin & le travail du peuple & celui du Souverain ne ſont pas les mêmes ſans doute; mais le dernier eſt le plus fort & le plus pénible, & le beſoin & le travail reſpectif par le moyen de l'inſtruction apprendront à s'entre-chérir & reſpecter l'un l'autre, ce ſera le terme; mais il faut commencer.

P. Et cette inſtruction confiée au prince ſera dépravée ſous un prince dépravé, sera négligée sous un prince négligent.

L. Dépravée? non; cela ne peut être; la vertu attire & saisit au premier aspect l'homme même qui n'y mord pas; mais il n'en est pas de même du **vice**, il a besoin de tous ces assortimens & de l'irritation de nos appétits désordonnés pour entraîner l'homme. Le mensonge, l'ingratitude & l'injustice, ne prennent point par l'instruction l'homme surtout qui reçut de bons principes: quant à ce qui est de négligée, ce qui par degrés la conduiroit à dégénérer & à pervertir, j'avoue que la chose est possible & qu'elle doit même arriver plus ou moins. La société pour lors dépérira; nous n'avons pas prétendu atteindre au point de la perfection dans les choses humaines, ce seroit folie & orgueil. Alors donc l'on tendra à fe redreffer ; je crois que nous en aurions befoin aujourd'hui. Daignez reprendre notre inftruction en entier, voir d'où nous partons, voir où elle nous mèneroit, & chercher feulement à y ajouter ce que pourroient indiquer de plus, toujours fur la voye de l'ordre naturel, des hommes politiques & foumis en tout aux volontés de la Providence. Mais furtout que votre inquiétude pour le patrimoine privé ne vous faffe pas perdre de vue le patrimoine public, car l'un ne peut exifter fans l'autre, & ils ne doivent avoir l'un & l'autre d'autre mefure que celle que fournit la reproduction annuelle des richeffes. Or la reproduction annuelle des richeffes ne peut fubfifter dans fa plus grande profpérité, que par cette mefure même obfervée fidélement ; ainfi

le patrimoine privé & le patrimoine
public doivent toujours accroitre l'un
& l'autre en raifon de l'accroiffement
de la reproduction annuelle des richeffes. Si on veut excéder de part ou d'autre les bornes de cette mefure, prefcri-
tes rigoureufement par l'ordre naturel,
le revenu des fujets, le patrimoine public & les forces de l'Etat, tombent
dans le dépériffement.

TABLE.

PREMIERE PARTIE.

SECONDE PARTIE.

TROISIEME PARTIE.

Fin de la table.

APPROBATION.

J'Ai lu cet ouvrage sur les droits ou les devoirs de l'homme, & n'y ai rien trouvé qui puisse en empêcher l'impression, le 14 Avril 1773,

DE BONS Professeur & Censeur.

www.ingramcontent.com/pod-product-compliance
Lightning Source LLC
LaVergne TN
LVHW021937030726
842523LV00001B/177